古典文獻研究輯刊

三八編

潘美月・杜潔祥 主編

第56冊

敦煌寫本《太公家教》之整體研究（下）

余聯芳 著

國家圖書館出版品預行編目資料

敦煌寫本《太公家教》之整體研究（下）／余聯芳 著 -- 初
版 -- 新北市：花木蘭文化事業有限公司，2024〔民113〕
目 4+204 面；19×26 公分
（古典文獻研究輯刊 三八編；第 56 冊）
ISBN 978-626-344-759-2（精裝）
1.CST：太公家教 2.CST：敦煌學 3.CST：啟蒙教育
4.CST：研究考訂
011.08   112022622

ISBN-978-626-344-759-2

古典文獻研究輯刊
三八編　第五六冊　　　　　　　ISBN：978-626-344-759-2

敦煌寫本《太公家教》之整體研究（下）

作　　者　余聯芳
主　　編　潘美月、杜潔祥
總 編 輯　杜潔祥
副總編輯　楊嘉樂
編輯主任　許郁翎
編　　輯　潘玟靜、蔡正宣　美術編輯　陳逸婷
出　　版　花木蘭文化事業有限公司
發 行 人　高小娟
聯絡地址　235 新北市中和區中安街七二號十三樓
　　　　　電話：02-2923-1455／傳真：02-2923-1452
網　　址　http://www.huamulan.tw 信箱 service@huamulans.com
印　　刷　普羅文化出版廣告事業
初　　版　2024 年 3 月
定　　價　三八編 60 冊（精裝）新台幣 156,000 元
　　　　　　　　　　　　　　　　版權所有・請勿翻印

敦煌寫本《太公家教》之整體研究（下）

余聯芳　著

目次

第三節　中國當代學人對敦煌遺書《太公家教》探研之比較研究

　　此節亦依陳垣《校勘學釋例》之「理校法」行之。陳氏以段玉裁所云：「校書之難，非照本改字不譌不漏之難，定其是非之難。」故其所謂理校法：

> 遇無古本可據，或數本互異，而無所適從之時，須用此法。此法須通識為之，否則鹵莽滅裂，以不誤為誤，而糾紛愈甚矣。故最高妙者此法，最危險者亦此法。昔錢竹汀先生讀《後漢書·郭太傳》，太至南州過袁奉高一段，疑其詞句不倫，舉出四證，後得閩嘉靖本，乃知此七十四字為章懷注引謝承書之文，諸本皆攙入正文，惟閩本獨不失其舊。今《廿二史考異》中所謂某當作某者，後得古本證之，往往良是，始服先生之精思為不可及。經學中之王、段，亦庶幾焉。若《元典章》之理校法，只敢用之於最顯然易見之錯誤而已，非有確證，不敢藉口理校而憑臆見也。〔註18〕

聯芳案：陳氏於此所言甚是，《太公家教》無古本可據，學童練習之作又多互異，無所適從之際，乃採此「理校法」。惟最高妙法為此者，最危險者亦用此法，如非具通識和確證，千萬不可亦不敢藉口理校而憑臆見用之，並用此以作警惕。

　　考慮再三，日本汲古書院出版《太公家教注解》提供了大量原始《敦煌遺書》的材料，其研究基礎紮實，故「珠玉在前，木櫝在後」，參考後決採以下諸項條列，進一步研究比勘對校近代各學人的研究發現並分段以作說明：先以表格形式將各學者專家之敦煌遺書《太公家教》按編號順序排列、為求一致性以 P.3764 文存句數編號為標準、條列內容，（但凡有錯字或異同字皆以黑色粗體字列出，增刪者以框格列出，若有與敦煌遺書編號 P3764 比勘後之文句有增加者以*和編號 abc 註明——），以原始材料作比勘對校，此舉最大目的，期許此研究能為敦煌遺書《太公家教》找出原貌。全文共分 23 段，前有序，後有跋，以段為單位，每段下將標明一、校勘；二、押韻；三、注釋，希望加深對《太公家教》的理解。

　　建基於前言之研究橋樑，所作比對校勘皆盡據原本，但考慮借用各家之研

〔註18〕陳垣撰：《校勘學釋例》；北京市：中華書局，1959 年 12 月第一版，頁 148～149。

究成果，除原有敦煌遺書材料校勘外，以〔日〕《太公家教注解》所有敦煌遺書之影印本為主，逐一查勘。對於近代研究者如周鳳五（簡稱周氏）、汪泛舟（（簡稱汪氏）和黑田彰（簡稱黑田氏），在其著作中所引見，有關《太公家教》之文字皆已將原本和校本之古、俗、訛、誤以及衍文、脫字等比勘結果，雖各根據其自家所言，但依其確認，凡屬習見且無關文意者，皆將逕行改正，由於所見各家各本又各有異同，故決定反其道而行之，順勢釐本清源，一逕將古、今五者比勘參校，逐一列舉，盼或出其意外，另得一新發現之研究成果，達成本人研究敦煌遺書《太公家教》蒙書之初心。

同時本文注解亦參考和借鏡周愚文在《敦煌寫本〈太公家教〉初探·校勘與分析》提供之材料，並利用其文將敦煌遺書所存三十四種抄本在此進行校勘補充，另根據周氏研究也發現：原來《太公家教》在一般仕宦之家或書香門第的男童或一般女童並不適宜，反而主要讀者或多是農家男童；此書應為當時民間傳遞「男尊女卑」傳統觀念的重要來源。

另一件值得關注的事，近代研究《太公家教》之著作，各位學者皆以敦煌遺書《太公家教》上寫本殘卷之不全，主力不期然落在《太公家教》注解和原文基礎，但各學者並未清楚揭示古本所據，讀者往往不知何解，各家竟各有所依，將敦煌遺書上文下理的《太公家教》文本竟所編改，三家所得又各有異同，吾擔憂若研究基礎不以原本為主，其研究或失《太公家教》原貌，且偏離《太公家教》蒙書精神，而陷入陳氏「理校法」之虞：「以不誤為誤，而糾紛愈甚矣。」故決定本篇章以1907年最早提供有關敦煌遺書的《羅振玉氏舊藏太公家教》為基本，依次按著作先後加入近代幾位研究學者所得，將周鳳五、汪泛舟和黑田彰研究所得文本，亦以表格分列排比，將《太公家教》各家文本所得，同時亦採伯3764原文按句編號，再將其加以配對校勘，以便查閱。再將各學者所研究寫本文字，不按依其文意所分段原部分章節，亦忽略其標注新式標點句讀，經比勘後一併列出異同。若凡與原寫本文字有異者以粗體字排列，其有增刪者以框格┤或┌字┐表示，與敦煌遺書編號伯3764比勘後，文句有增減者以*或編號abc註明，此舉首為探索《太公家教》之源及究竟，剖析各家研究所得精華，披露各家內容不同處，最後將周氏、汪氏和日人黑田彰教授等之研究成果和內容加以排比，分析整理再加以分述、比勘並注解，標示各段文字之押韻，其主要目的為參照陳垣《校勘學釋例》之「理校法」，希望不單能還原《太公家教》之原貌與精神，更希望以「撰人考定」之文本為本章之一大建樹。

《敦煌寫本太公家教研究》(1~613)

〔序〕(1~22)

中、英、法之敦煌藏寫本與近人各家文本列述

句數 太公家教	1	2	3	4	5
羅振玉舊藏本	（余乃生逢亂）代	長值危時	望鄉失土	波迸流離	只欲隱山居住
P2564	余乃生逢亂代	長值危時	忘鄉失土	波迸流餘	只欲隱山學道
P3764	余乃生逢亂代	長值危時	望----	------	隱山學道
周鳳五	余乃生逢亂代	長值危時	亡鄉失土	波迸流離	只欲隱山學道
汪泛舟	余乃生逢亂代	長值危時	亡鄉失土	波迸流離	只欲隱山居住
黑田彰	余乃生逢亂代	長值危時	望鄉失土	波迸流移	只欲隱山學道
撰人考定	余乃生逢亂代〔1〕	長值危時	望鄉失土〔2〕	波迸流離〔3〕	只欲隱山學道〔4〕

句數 太公家教	6	7	8	9	10
鳴沙石室	不能忍凍受飢	只欲揚後代	復無晏嬰之機	才輕德薄	不堪人師
P2654	不能忍凍受飢	只欲揚名於後代	復無晏嬰之機	才輕得薄	不堪人師
P3764	不能忍凍受飢	只欲----	----機	才輕得薄	不堪人師
周鳳五	不能忍凍受飢	只欲揚名後世	復無晏嬰之機	才輕德薄	不堪人師
汪泛舟	不能忍凍受飢	只欲揚名後代	復無晏嬰之機	才輕德薄	不堪人師
黑田彰	不能忍凍受飢	只欲揚名後代	復無晏嬰之機	才輕德薄	不堪人師
撰人考定	不能忍凍受飢	只欲揚名後代〔5〕	復無晏嬰之機	才輕德薄〔6〕	不堪人師

句數 太公家教	11	12	13	14	15
鳴沙石室	徒消人食	浪費人衣	隨緣信業	且逐時之隨	輒以討其墳典
P2564	徒消人食	浪費人衣	隨緣信業	且逐隨時之宜	輒以討論墳典
P3764	徒消人	----	----	且遂隨時之宜	輒以討論墳典

周鳳五	徒消人食	浪費人衣	隨緣信業	且逐時之宜	輒以討論墳典
汪泛舟	徒消人食	浪費人衣	隨緣信業	且逐時之	輒以討論墳典
黑田彰	徒消人食	浪費人衣	隨緣信業	且**逐隨時**之宜	輒以討論墳典
撰人考定	徒消人食	浪費人衣	隨緣信業〔7〕	且逐隨時之宜〔8〕	輒以討論墳典

句　數　太公家教	16	17	18	19	20
鳴沙石室	簡擇詩書	依经傍史	約禮時宜	為書一卷	助幼童兒
P2564	諫擇詩書	於經傍史	約禮時宜	為書一卷	助幼童兒
P3764	簡擇□--	□---	□礼時宜	為書一卷	助幼童兒
周鳳五	簡擇詩書	依經傍史	約禮時宜	為書一卷	助誘童兒
汪泛舟	簡擇詩書	依經傍史	約禮時宜	為書一卷	助誘童兒
黑田彰	簡擇書詩	依经傍史	約**礼**時宜	為書一卷	助誘童兒
撰人考定	簡擇詩書〔9〕	依經傍史〔10〕	約禮時宜〔11〕	為書一卷〔12〕	助幼童兒

句　數　太公家教	21	22			
鳴沙石室	用傳於後	幸願思之			
P2564	流傳万代	幸願思之			
P3764	流傳万代	幸願--			
周鳳五	用傳萬代	幸願思之			
汪泛舟	用傳於後	幸願思之			
黑田彰	流傳万代	幸願思之			
撰人考定	流傳萬代〔13〕	幸願思之	〔14〕		

序（1～22）

【校勘】

1. 周鳳五氏：參考底本鳴沙石室佚書影寫本、斯1291、斯5729、伯2553、
伯2564。

2. 黑田彰氏：參考羅振玉氏舊藏本、斯1291、底本伯3764。

3. 撰人考定：參考羅振玉氏舊藏本、斯 1291、斯 5729、伯 2553、伯 2564、
伯 3599、伯 3623、伯 3764、伯 4880、B11va、大谷本 3507、
乃字第 27 號。

【押韻】

此節以時（上平 4 支）、離（上平 4 支）、飢（上平 4 支）、機（上平 5 微）、師
（上平 4 支）、衣（上平 5 微）、宜（上平 4 支）、詩（上平 4 支）、兒（上平 4
支）、之（上平 4 支）為韻，（共二韻：支、微）。

【注解】

〔1〕亂代：惟伯四八八〇作「世」，故此句仍取「余乃生逢亂代」。

〔2〕望鄉：原作「望鄉」，伯 2564 作「忘鄉」；伯 3599、伯 3764 作「望」。
周案：以望、忘皆亡之借字，另「亡鄉」又與「失土」同義，故取「亡」
字。聯芳案：《禮記・奔喪》：「齊衰望鄉而哭，大功望門而哭，小功至
門而哭，緦麻即位而哭。」〔註 19〕唐劉長卿〈登臺遠眺〉：「古臺搖落後，
秋入望鄉心。」另唐李益〈夜上受降城聞笛〉：「不知何處吹蘆管，一夜
征人盡望鄉。」〔註 20〕此處有聞笛聲悲，觸動征人思念故鄉，應保留「望
鄉」為佳。

〔3〕波迸流離：伯 2564 之流離作「流餘」；伯 3599、伯 4880 作「移」；羅
本作「離」。波迸即奔波，為隋唐人習用語。周案：《北史・隋房陵王
勇傳・卷七一》〔註 21〕載王勇上書諫文帝，以為「戀士懷舊，人之本
情，波迸流離，蓋不獲已」為證。汪案：道宣《續高僧傳》：「在昔陳
隋廢興，江陰凌亂，道俗波迸，各棄城邑」。聯芳案：波迸乃奔走；奔
逃。《宋書・臧質傳》〔註 22〕：「質，國戚勳臣，忠誠篤亮，方當顯位，
翼贊京輦，而子弟波迸，傷其乃懷。」流離指離散、流落；淋漓、流
淚貌。《後漢書・和殤帝紀》〔註 23〕：「黎民流離，困於道路。」取「波

〔註 19〕衛湜撰：《禮記集說》；通志堂：康熙丁巳（1677），第 36 冊。香港中央圖書
館。

〔註 20〕喻守真編註：《唐詩三百首詳析》；香港：中華書局，1986 年 4 月重印，頁 303。

〔註 21〕《二十四史・北史》：上海市：同文館，光緒 10 年（1884），香港中央圖書館。

〔註 22〕沈約撰：《百衲本二十四史・宋書》；北京市：北京古籍出版社，2001 年，香
港中央圖書館。

〔註 23〕范曄著：《百衲本二十四史・後漢書》；北京市：北京古籍出版社，2001 年，
香港中央圖書館。

迸流離」和韻。

〔4〕只欲隱山學道：僅羅本作「居住」。其他斯 1291、伯 2553、伯 2564、伯
3599、伯 3764，皆為「隱山學道」。周氏據此改之。聯芳案：居住謂較
長期地住在一地，《北史・楊椿傳》〔註24〕：「吾今日不為貧賤，然居住
舍宅，不作壯麗華飾者，正慮汝等後世不賢，不能保守之，將為勢家所
奪。」學道，乃學習道藝，即學習儒家學說，如仁義禮樂。《論語・陽
貨》〔註25〕：「君子學道則愛人。」「學道」似更具深意。

〔5〕只欲揚名後代：伯 4880 及乃字第 27 號作「世」；斯 1291、伯 2564、伯
3599、伯 3623 及羅本作「代」，故取「代」。

〔6〕才輕德薄：斯 1291、羅本作「德」；伯 2564、伯 3764、伯 4880、斯 5729
及乃字第 27 號均作「得」。若依文意，應以「德」為是，「得」為「德」
之借字。

〔7〕隨緣信業：羅本、伯 2564、伯 3599、伯 4880、斯 1291、乃字第 27 號
同作「信」。伯 2553、斯 5729 作「受業」。周案：「《南齊書・周顒傳》
〔註26〕（卷四一）云：『吾儕信業，未足長免，則傷心之慘，行亦息念。』
故作『信業』為是。」汪案：「信業：善業」；信仰之事業。《敦煌遺書》
〈吐蕃申年（828 年）等沙州諸人施捨疏〉：「隨緣信業，受諸辛苦……
破齋破戒，惡業無數。」〈伍子胥變文〉：「悲歌以了，更復前行，信業
隨緣，至於穎水。」敦煌本《古賢集》：「范睢折肋人疑死，隨緣信業相
於秦。」聯芳案：「受業，弟子對老師亦自稱受業」；或繼承前人基業。
唐韓愈〈師說〉〔註27〕：「師者，所以傳道受業解惑也。」但此處實取
『信業』較『受業』更合宜也。」

〔8〕「且逐隨時之宜」：伯 3764 作「且遂隨時之宜」；乃字第 27 號作「徂遂
隨時之宜」，「徂」或為「且」之形誤；伯 4880 及斯 1291 作「逐時之
宜」；斯 5729 作「且逐時之宜」；羅本作「且逐時之隨」，「隨」雖押

〔註24〕《百衲本二十四史・北史》；北京市：北京古籍出版社，2001 年，香港中央圖
　　　　書館。
〔註25〕孔子弟子錄編：《論語》；杭州：浙江古籍出版社，2004 年，香港中央圖書館。
〔註26〕蕭子顯撰：《百衲本二十四史・南齊書》；北京市：北京古籍出版社，2001 年，
　　　　香港中央圖書館。
〔註27〕韓愈（768～824）撰：《韓昌黎集》；香港：商務印書館，1964 年，香港中央
　　　　圖書館。

「上平 4 支」，但其意不通，且字數不合，故取「且逐随時之宜」較為適宜。

〔9〕簡擇詩書：伯 3623 及乃字第 27 號作「揀」；伯 4880 及羅本均作「簡」；又伯 2564、伯 3599 作「諫」。伯 2553、伯 2564、伯 3623、斯 1291、斯 5729 均以「詩書」，周氏又疑「書詩」較協韻，姑仍其舊。聯芳案：如周氏所述，確實以「書詩」於此段較為協韻，惟黑田彰氏改以「書詩」入文，「揀」、「簡」、「諫」或於意不通，保留「簡」，意以竹簡為詩書，其意較近。

〔10〕依經傍史：伯 4880、斯 1291 作「依」；斯 5729 作「衣」，或為「依」之形誤；惟伯 2553、伯 2564、伯 3599、伯 3623 均作「於」，然按文意，應以「依」為是。另斯 1291、斯 5729 作「傍史」；伯 4880 作「謗史」，「謗」應是「傍」之誤；又有伯 2553、伯 2564 及羅本均作「傍所」，伯 3599 作「傍跡」，文意欠通順。乃字第 27 號作「○史」，似有闕文，取「傍史」為宜。

〔11〕約禮時宜：伯 2553、伯 2564、伯 3764、伯 4880、斯 5729、羅本及乃字第 27 號均作「宜」；惟斯 1291 作「儀」，疑是音誤。

〔12〕為書一卷：伯 2553、伯 2564、伯 3599、伯 3764、伯 4880、斯 1291 及羅本均作「書」，惟斯 5729 及乃字第 27 號作「詩」，若依文意，應以「書」為是。

〔13〕流傳萬代：伯 2553、伯 3599、伯 3623、伯 3764、斯 5729 均作「萬代」，惟伯 4880、斯 1291 則作「後世」；乃字第 27 號作「萬世」；伯 2564 作「留傳萬代」、斯 1291 作「流傳在世」、斯 5729 作「□□萬代」。周氏參酌各本，取「流傳萬代」，汪氏依原作「用傳於後」，聯芳案：曹丕〈與吳質書〉載「著《中論》二十餘篇，成一家之言，詞義典雅，足傳於後，此子為不朽矣。」〔註28〕此「用」者乃「以」也，並未有「用心良苦之意」，故「流傳萬代」較宜。

〔14〕汪氏此段序保留「則經論曲直……仁道立焉。」以為《太公家教》取材之主旨和目的。聯芳案：汪氏此段序之編排與周氏和黑田氏截然不同，卻有洞悉原作者「用心良苦之意」，此種表述，本人未置可否也。

〔註28〕徐幹（171～218）：《四部叢刊・子部・徐幹中論》；上海：涵芬樓，19--？，香港中央圖書館。

〔第一段〕（23～50）

句　數 太公家教	23	24	25	26	26a
鳴沙石室	則經論上下	《易》辯剿柔		則《詩》分流 儒雅	禮樂興行
P2564	⌐┐直	書論上下	易辯剿柔	分流儒雅	
P3764	⌐┐直	書論上下	易辯剿柔	分流儒雅	
周鳳五	經論曲直	《書》論上下	《易》辯剛柔	《詩》分風雅	禮樂興行
汪泛舟	則經論曲直	書論上下	易辯陰陽	詩分儒雅	禮樂興行
黑田彰	經論曲直	書論上下	易弁剛柔	詩分風雅	
撰人考定	經論曲直〔1〕	書論上下	易辯剛柔	分流儒雅〔2〕	禮樂興行〔3〕

句　數 太公家教	26b	26c	27	28	29
鳴沙石室	信義成著	仁道立焉			得人一牛
P2564			禮上往來	┌──┐	得人一牛
P3764			禮上往來	┌──┐	得人一牛
周鳳五	信義成著	仁道立焉	禮上往來	尊卑高下	得人一牛
汪泛舟	信義成著	仁道立焉	禮上往來	尊卑高下	得人一牛
黑田彰	信義成著	仁道立焉	禮上往來		得人一牛
撰人考定	信義成著	仁道立焉	禮上往來〔4〕	尊卑高下	得人一牛

句　數 太公家教	30	31	32	33	34
鳴沙石室	還人一馬	往而不來	非成礼也	□	□
P2564	還人一馬	往而不來	非成禮也	來而不往	亦非禮□
P3764	還人一馬	往而不來	非成禮也	來而不往	亦非禮□
周鳳五	還人一馬	往而不來	非成礼也	來而不往	亦非禮也
汪泛舟	還人一馬	往而不來	非成礼也		

| 黑田彰 | 還人一馬 | 往而不來 | 非成礼也 | 來而不往 | 亦非礼也 |
| 撰人考定 | 還人一馬 | 往而不來 | 非成禮也 | 來而不往 | 亦非禮也 |

句　數 太公家教	35	36	37	38	39
鳴沙石室	知恩報恩	風流儒雅	有恩不報	豈成人也	事君盡忠
P2564	知恩報恩	風流儒雅	有恩不報		
P3764	知恩報恩	風流儒雅	有恩不報		
周鳳五	知恩報恩	風流儒雅	有恩不報	豈成人也	事君盡終
汪泛舟	知恩報恩	風流儒雅	有恩不報	豈成人也	事君盡忠
黑田彰	知恩報恩	風流儒雅	有恩不報	豈成人也	事君盡忠
撰人考定	知恩報恩〔5〕	風流儒雅	有恩不報	豈成人也〔6〕	事君盡忠〔7〕

句　數 太公家教	40	41	42	43	44
鳴沙石室	事父盡敬	禮聞來學	不聞往教	捨父事師	敬同於父
P2564	事父盡孝	礼聞來學	不聞往教	捨父事師	
P3764	事父盡孝	礼聞來學	不聞往教	捨父事師	
周鳳五	事父盡敬	禮聞來學	不聞往教	捨父事師	必望功效
汪泛舟	事父盡孝	禮聞來學	不聞往教	捨父事師	必望功效
黑田彰	事父盡孝	禮聞來學	不聞往教	捨父事師	必望功效
撰人考定	事父盡敬	禮聞來學	不聞往教	捨父事師	必望功効〔8〕

句　數 太公家教	45	46	47	48	48a
鳴沙石室	慎其言語	整其容皃	善能行孝	物貪惡事	莫作詐巧
P2564	-慎口言	卻整容貌	善事須貪	惡事莫樂	囗
P3764	-慎口言	卻整容貌	善事須貪	惡事莫樂	囗
周鳳五	先慎口言	卻整容貌	善事須貪	惡事莫樂	
汪泛舟	慎其言語	整其容貌	善事須貪	惡事莫樂	

黑田彰	先慎口言	卻整容皃	善事須貪	惡事莫樂	
撰人考定	先慎口言	卻整容貌〔9〕	善事須貪	惡事莫樂	

句　　數 太公家教	49	50			
鳴沙石室	直實在心	物生欺誑			
P2564	直實在心	勿行虛巧			
P3764	直實在心	勿行虛巧			
周鳳五	直實在心	莫作詐巧			
汪泛舟	直實在心	莫作詐巧			
黑田彰	真實在心	勿行虛教			
撰人考定	直實在心	勿行虛巧〔10〕			

〔第一段〕（23～50）

【校勘】

1. 周鳳五氏：參考底本鳴沙石室佚書影寫本、斯1291、斯5729、伯2553、
伯2564、斯6183。

2. 黑田彰氏：參考斯6183、伯2937、底本伯3764、伯4880。

3. 撰人考定：參考羅振玉氏舊藏本、斯1291、斯5729、伯2553、伯2564、
伯2937、伯3599、伯3623、伯3764、伯4880、B11va。

【押韻】

上半節：下、雅、馬、也，皆（上21馬）為韻。

下半節：孝、教、効、貌，以（去19効）為韻，而樂（入10藥）、巧（上18
巧）為韻，（効、藥、巧）。

【注解】

〔1〕經論曲直、書論上下：伯2553、伯2564、伯3764、伯4880及乃字第
27號作「《書》論」，而斯1291、斯5729則作「《詩》論」又伯3599作
「《詩》分」。為「羅振玉氏舊藏本」，周氏據伯2553、伯2564改成「經
論曲直，《書》論上下，《易》辯剛柔。」汪氏將此句置於序篇，改成「經
論曲直，《書》論上下，《易》辯陰陽。」察經者，儒家經典總稱，依其
論述治國之曲直；書者，指《尚書》，主旨突出「敬天保民」思想，籲

以「上下」治之；易者，《周易》專言陰陽剛柔之變，故以「陰陽」代原作「剛柔」。聯芳案：取伯 2553、伯 2564、斯 5729 之版本表述，似較完整，亦合經、書之義，取「經論曲直、書論上下」。

〔2〕分流儒雅：為「羅振玉氏舊藏本」。伯 2553、伯 2564、伯 3599 作「風流儒雅」；斯 5729 作「分流風雅」；伯 3623 作「○流儒雅」有闕文；伯 3764 作「分流儒雅」；伯 4880、斯 1291 則作「詩分風雅」。周氏案：本節泛論經書內容，各以兩三字概括之，疑作「詩分風雅」為是。汪氏亦將此句置於序篇，改成「《詩》分儒雅」，詩者，《詩經》〔註29〕乃古人以作儒雅之分。《論語》〔註30〕有言：「不學禮，無以立；不學詩，無以言。」聯芳案：「分流」乃水分道而流，漢司馬相如〈上林賦〉〔註31〕：「蕩蕩乎八川分流，相背而異態」；「風流」指風采特異，才華出眾，自成一派，不拘泥於禮教，故此取斯 5729、伯 3599、伯 3623、伯 3764 作「分流儒雅」為宜。

〔3〕禮樂興行，信義成著，仁道立焉：汪氏將其置於「序篇」，此或與上文泛論經書有關，儒家以禮樂盛行，信義並著，仁道才能確立，天下才能太平。《禮記》〔註32〕：「禮節民心，樂和民聲。」義、信、和與仁，乃霸王之器也。聯芳案：禮樂興則天下成，《禮記·月令》鄭玄注：「大合樂以助陽達物，風化天下也，其禮亡，今天子以大射、郡國以鄉射禮代之」，因此三句，其他敦煌遺書皆不見，只見於《羅振玉氏舊藏本》，依周愚文所注羅本是後人重抄非原本，此只錄備考，故不入正文；此本雖他本所無，但仍見「羅振玉氏舊藏本」和王通《中說》，故仍取之。

〔4〕禮上往來，尊卑高下：伯 3599、伯 3764、伯 4880、斯 1291、斯 5729 及乃字 27 號均作「上」；伯 2553 作「常」；伯 3623 作「裳」，或是音誤。原作不見，然此 4 句十六字，周氏、汪氏、日人黑田氏皆錄，以「尊卑高下」此四字曾出現在伯 2553、伯 2564、斯 5729；另斯 1291 作「卑

〔註29〕孔子刪訂，齊豫生，郭鎮海主編：《傳世經典·詩經》；北京市：中國國橋，1998
　　　　年，香港中央圖書館。
〔註30〕孔子弟子錄編：《論語》；杭州：浙江古籍出版社，2004 年，香港中央圖書館。
〔註31〕司馬相如著：《司馬相如集校注》；上海：上海古籍出版社，1993 年，香港中
　　　　央圖書館。
〔註32〕《禮記》：《十三經注疏》；臺北市：藝文出版社，1965 年，香港中央圖書館。

尊高下」或誤。聯芳案:「往而不來,非成禮也」語出《禮記·曲禮》:「往而不來,非禮也;來而不往,亦非禮也。」各家或依此增補之,取「上」為宜。

〔5〕知恩報恩,風流儒雅:《說苑》:「唯賢者為能報恩。」故舊論知恩報恩,才算風流儒雅之賢者。

〔6〕成人:《論語·憲問篇》:「子路問成人」。子曰:「若臧武仲之知,公綽之不欲,卞莊子之勇,冉求之藝,文子以禮樂,亦可以為成人矣。」聯芳案:非泛指成年之人,此處謂完美無缺之人。

〔7〕事君盡忠,事父盡敬:伯2553、伯2564、伯3599、伯4880、斯1291、斯6183均作「忠」;伯3764、斯5729作「終」,應是「忠」之音誤。另伯2553、伯2564、伯3599、伯3764、斯5729及乃字第27號均作「盡」,伯聯芳案:各本皆改作「事父盡孝」,惟原作「事父盡敬」,《孝經·第五章》:「資於事父以事君,而敬同。」此「敬」彰顯儒家的忠孝,更具深意。

〔8〕**必望功劾**:僅羅本作有「敬同於父」,各家皆刪。但伯2564及斯6183作「必聞功□」,斯1291作「必望功效」;伯3599作「巧」。周氏案:本節以孝、教、貌、巧為韻,聯芳案:作「必望功效」為是。

〔9〕卻整容貌:羅本、斯5729、斯6183、伯2564、伯3599、伯3764均作「貌」,惟斯1291作「顏」。聯芳案:作「卻整容貌」為是。

〔10〕勿行虛巧:斯1291作「斯巧」,斯6183、伯2564作「虛教」,伯3599作「欺巧」,伯3764作「虛巧」。以上下文句相對,「直實在心」,取「勿行虛巧」較為相宜。

〔第二段〕(51~66)

句　數 太公家教	51	52	53	54	55
鳴沙石室	孝心事父	晨省暮看	知飢知渴	知暖知寒	憂時共感
P2564	孝子事父	晨省暮食	知飢知渴	知暖知寒	憂則共戚
P3764	孝子事父	晨省暮食	知飢知渴	知暖知寒	憂則共戚
周鳳五	孝子事親	晨省暮參	知飢知渴	知暖知寒	憂則同感
汪泛舟	孝心事父	晨省暮看	知飢知渴	知暖知寒	憂時共戚

| 黑田彰 | 孝子事父 | 晨省暮看 | 知飢知渴 | 知暖知寒 | 憂則共戚 |
| 撰人考定 | 孝子事父 | 晨省暮參〔1〕 | 知飢知渴 | 知暖知寒 | 憂則共戚〔2〕 |

句　數 太公家教	56	57	58	59	60
鳴沙石室	樂時同歡	父母有疾	甘美不飡	食無求飽	居無求安
P2564	樂則同歡	父母有疾	甘美不飡	食無求飽	居無求安
P3764	樂則同歡	父母有疾	甘美不飡	食無求飽	居無求安
周鳳五	樂則同歡	父母有疾	甘美不餐	食無求飽	居無求安
汪泛舟	樂時同歡	父母有疾	甘美不餐	食無求飽	居無求安
黑田彰	樂則同歡	父母有疾	甘美不飱	食無求飽	居無求安
撰人考定	樂則同歡	父母有疾	甘美不飡	食無求飽	居無求安

句　數 太公家教	61	62	63	64	65
鳴沙石室	聞樂求樂	聞喜不看	不脩身體	不整衣冠	得至疾瘉
P2564	聞樂不樂	聞戲不看	不羞身體	不整衣冠	父母疾愈
P3764	聞樂不樂	聞戲不看	不羞身體	不整衣冠	父母疾愈
周鳳五	聞樂不樂	聞喜不看	不修身體	不整衣冠	父母疾愈
汪泛舟	聞樂不樂	聞喜不看	不修身體	不整衣冠	父母疾愈
黑田彰	聞樂不樂	聞戲不看	不修身體	不整衣冠	父母疾愈
撰人考定	聞樂不樂	聞喜不看〔3〕	不修身體〔4〕	不整衣冠〔5〕	父母疾瘉〔6〕

句　數 太公家教	66				
鳴沙石室	止亦不難				
P2564	整亦不難				
P3764	整亦不難				
周鳳五	整亦不難				
汪泛舟	整亦不難				
黑田彰	整亦不難				
撰人考定	整亦不難				

〔第二段〕（51～66）

【校勘】

1. 周鳳五氏：參考底本鳴沙石室佚書影寫本、斯 3835、斯 5729、斯 6183、
   伯 2937。

2. 黑田氏氏：參考斯 1291a、伯 3599。

3. 撰人考定：參考羅振玉氏舊藏本、斯 1291、斯 3835、斯 5729、斯 6183、
   伯 2564、伯 2738、伯 2937、伯 3599、伯 3623、底本伯 3764、
   伯 5031、寧樂本。

【押韻】

看、寒、歡、餐、安、冠、難，皆以（上平 14 寒）為韻。

【注解】

〔1〕孝子事父，晨省暮參：此句〈鳴沙石室〉原作「孝心事父，晨醒暮看」；
   周氏稱參考伯 2937 作「□□父，晨省慕□」；斯 3835 作「孝子事父，晨
   省暮參」；斯 5729 作「孝子事父，晨省慕參」；斯 6183 作「孝子事父，
   晨省暮參」而得「孝子事親，晨省暮參」。聯芳案：綜合上表所述各家
   材料，為協韻此二句應取「孝子事父，晨省暮參」為宜。

〔2〕憂則共戚，樂則同歡：羅本、伯 3599 作「時」；斯 1291、斯 6183、伯
   2564、伯 3764 作「則」。聯芳案：則在此可作為連詞表示因果，取「則」
   較宜。

〔3〕聞喜不看：斯 1291、伯 2564、伯 2738、伯 3764 作「看」；伯 3599、伯
   3623 作「歡」。聯芳案：樂、喜雖為表情緒之詞，且歡、看同韻，但從
   多家之言取「看」較適宜。

〔4〕不修身體：斯 6183、伯 2564、伯 3599、伯 3764 作「羞」；羅本、伯 3623
   作「修」。聯芳案：依上下文意，「修」較適宜。

〔5〕不整衣冠：伯 3599 作「於」；羅本、斯 1291、斯 3835、斯 6183、伯
   2564、伯 3623、伯 3764 作「衣」。聯芳案：依從文意，「衣」較適宜。

〔6〕父母疾瘉：斯 1291、斯 6183、伯 3764 作「愈」；伯 3599 作「喻」；斯
   5729 作「俞」；羅本、伯 2738 作「瘉」。聯芳案：愈、喻、俞、瘉皆為
   同音字，若依上下文意，「瘉」較適宜。

〔第三段〕（67～84）

句數 太公家教	67	68	69	70	71
鳴沙石室	弟子事師	敬同於父	習其道也	學其言語	□
P2564	弟子事師	敬同於父	習其道術	學其言語	有疑則問
P3764	弟子事師	敬同於父	習其道術	學其言語	有疑則問
周鳳五	弟子事師	敬同於父	習其道術	學其言語	有疑則問
汪泛舟	弟子事師	敬同於父	習其道術	學其言語	有疑則問
黑田彰	弟子事師	敬同於父	習其道術	學其言語	有疑則問
撰人考定	弟子事師〔1〕	敬同於父	習其道術〔2〕	學其言語	有疑則問〔3〕

句數 太公家教	72	73	74	75	76
鳴沙石室	□	□	□	黃金白銀	乍可相與
P2564	有教則受	鳳凰愛其毛羽	賢士惜其言語	黃金白銀	乍可相與
P3764	有教則受	鳳凰愛其毛羽	賢士惜其言語	黃金白銀	乍可相與
周鳳五	有教則受			黃金白銀	乍可相與
汪泛舟	有教則受	鳳凰愛其羽毛	賢者惜其言語	黃金白銀	乍可相與
黑田彰	有教則受	鳳凰愛其毛羽	賢士惜其言語	黃金白銀	乍可相與
撰人考定	有教則受	鳳凰愛其毛羽	賢士惜其言語	黃金白銀〔4〕	乍可相與

句數 太公家教	77	78	79	80	81
鳴沙石室	好言善述	瀇出口	臣無境外之交	弟子有束羞之好	一日為師
P2564	好言善術	莫漫出口	臣無境外之交	弟子有束脩之好	禮曰一日為君
P3764	好言善術	莫漫出口	臣無境外之交	弟子有束脩之	禮曰一日為君
周鳳五	好言善述	莫漫出口	臣無境外之交	弟子有束脩之好	一日為君

汪泛舟	好言善述	莫漫出口	臣無境外之交	弟子有束脩之好	一日為君
黑田彰	好言善述	莫漫出口	臣無境外之交	弟子有束脩之好	一日為君
撰人考定	好言善述〔5〕	莫漫出口	臣無境外之交	弟子有束脩之好〔6〕	禮曰一日為君

句　數 太公家教	82	83	84		
鳴沙石室	終日為父	一日為君	終日為主		
P3764	終日為主	一日為師	終日為父		
P3764	終日為主	一日為師	終日為父		
周鳳五	終日為主	一日為師	終身為父		
汪泛舟	終日為主	一日為師	終身為父		
黑田彰	終日為主	一日為師	終日為父		
撰人考定	終日為主	一日為師	終日為父		

〔第三段〕（67～84）

【校勘】

1. 周鳳五氏：參考底本鳴沙石室佚書影寫本、斯 1291、斯 6183。

2. 黑田彰氏：參考斯 1291a、斯 6183。

3. 撰人考定：參考羅振玉氏舊藏本、斯 1291、斯 3835、斯 5729、斯 6183、伯 2564、伯 2738、伯 2937、伯 3248、伯 3599、伯 3623、底本伯 3764、伯 4085、寧樂本。

【押韻】

父（上 7 麌）、語（上 6 語）、受（上 25 有）、與（上 6 語）、口（上 25 有）、好（上 19 晧）、主（上 7 麌）為韻，（麌、語、有、晧）。

【注解】

〔1〕弟子事師，敬同於父：羅本、斯 1291、斯 6183 伯 3599、伯 2738、伯 2564 作「於父」；伯 2937 作「衣父」；伯 3623 作「依父」，此處依文意，應以「於父」為是。汪氏按：《漢書・孔光傳》太后詔曰：「國之將興，

尊師而重傅。」〔註33〕意指弟子事奉、尊敬師傅如同父親一樣。聯芳案：《孝經·士章第五》云：「資於事父以事母，其愛同；資於事父以事君，其敬同。故母取其愛，而君取其敬，兼之者父也。故以孝事君則忠，以敬事長則順。」另《詩經·小雅》亦云：「夙興夜寐，無忝爾所生。」中國傳統以家庭為本位出發，奉事國君要用敬父之心，明顯體現中國封建制度下以父權為基礎的社會特徵。

〔2〕習其道術：斯1291、斯6183、伯2564、伯3764作「術」；伯2937、伯3599、伯3623作「述」。聯芳案：此依文意，應以「術」為是。

〔3〕有疑則問，有教則受，鳳凰愛其羽毛，賢士惜其言語：此4句（71～74），僅出現在斯1291、斯6183、伯3764、伯4085。聯芳案：若用心審之，此四句似不應為無中生有之句，且周氏、汪氏、黑田氏等皆依上述補錄，依錄照補，亦可稱妥當。

〔4〕黃金白銀，乍可相與：錢財為身外物，只可做為相互交往的贈與。《史記·藺相如傳》：「舍人相與諫」〔註34〕和《史記·平原君虞卿列傳》：「公相與歃此血於堂下。公等錄錄，所謂因人成事者也。」〔註35〕

〔5〕好言善述，莫漫出口：斯3835、斯6183、伯2564、伯3599、伯3623作「述」；斯1291、伯3764作「術」。韓愈〈師說〉：「師者所以傳道、授業、解惑也。」聯芳案：為人師長，謹言慎行，不應隨意衝口而出，應傳授弟子正確的言論和思想態度，闡述從師求學不該恥於相師的道理，故此從「述」。

〔6〕弟子有束脩之好：斯1291、斯3835、斯6183、伯3764作「修」；伯3599作「終」。聯芳案：「修」與「脩」同，古時稱乾肉，束脩乃古時送給教師的報酬，亦即「學費」，以表示敬意。《禮記·少儀第十七》之「其意乘壺酒、束脩、一犬賜人若獻人，則陳酒執脩以將命。」〔註36〕唐代學校採用束脩之禮並同國家明確規定，禮物輕重依學校性質有所不同，為人師長在接受時亦必須奉行應有的禮節，故此從「脩」。

〔註33〕〔漢〕班固撰，〔唐〕顏師古注：《漢書》，北京市，中華書局，10·傳〔四〕頁3363。

〔註34〕〔漢〕司馬遷撰：《史記》；北京，中華書局，1982年第2版，頁2443。

〔註35〕〔漢〕司馬遷撰：《史記》；北京，中華書局，1982年第2版，頁2368。

〔註36〕王文錦譯解：《禮記譯解》；北京，中華書局，2016年第8版，頁519。

〔第四段〕（85～115）

句數 太公家教	85	86	87	88	89
鳴沙石室	教子之法	常令自慎	囗	言不可失	行不可虧
P2564	教子之法	常令自慎	囗	言不可失	行不可虧
P3764	教子之法	常令自慎	囗	言不可失	行不可虧
周鳳五	教子之法	常令自慎	勿得隨宜	言不可失〔2〕	行不可虧
汪泛舟	教子之法	常令自慎	囗	言不可失	行不可虧
黑田彰	教子之法	常令自慎	勿得隨宜	言不可失	行不可虧
撰人考定	教子之法〔1〕	常令自慎	勿得隨宜	言不可失〔2〕	行不可虧

句數 太公家教	90	91	92	93	94
鳴沙石室	他離莫越	他事莫知	他貧莫笑	他病莫欺	囗
P2564	他離莫越	他事莫知	他貧莫笑	他病莫欺	他傔莫道
P3764	他離莫越	他事莫知	他貧莫笑	他病莫欺	他傔莫道
周鳳五	他籬莫蓦	他戶莫窺	他嫌莫道	他事莫知	他貧莫笑
汪泛舟	他籬莫越	他戶莫窺	他嫌莫道	他事莫知	他貧莫笑
黑田彰	他籬莫越	他戶莫窺	他嫌莫道	他事莫知	他貧莫笑
撰人考定	他籬莫越〔3〕	他事莫知	他貧莫笑〔4〕	他病莫欺〔5〕	他傔莫道

句數 太公家教	95	96	97	98	99
鳴沙石室	囗	他財莫取	他色莫侵	他強莫觸	他弱莫欺
P3764	他戶莫規	他財莫願	他色莫思	他強莫觸	他弱莫欺
P3764	他戶莫規	他財莫願	他色莫思	他強莫觸	他弱莫欺
周鳳五	他病莫欺	他財莫願	他色莫思	他強莫觸	他弱莫欺
汪泛舟	他病莫欺	他財莫取	他色莫思	他強莫觸	他弱莫欺
黑田彰	他病莫譏	他財莫願	他色莫思	他強莫觸	他弱莫欺
撰人考定	他戶莫窺	他財莫取〔6〕	他色莫思〔7〕	他強莫觸	他弱莫欺

句　數太公家教	100	101	102	103	104
鳴沙石室	他弓莫挽	他馬莫騎	弓析馬死	常他無疑〔4〕	財能害己〔5〕
P2564	他弓莫▢	他馬莫騎	弓折馬死	賞他無疑	財能害己
P3764	他弓莫▢	他馬莫騎	弓折馬死	賞他無疑	財能害己
周鳳五	他弓莫挽	他馬莫騎	弓折馬死	償他無疑	財能害己
汪泛舟	他弓莫挽	他馬莫騎	弓折馬死	償他無疑	財能害己
黑田彰	他弓莫挽	他馬莫騎	弓折馬死	償他無疑	財能害己
撰人考定	他弓莫挽⑧	他馬莫騎	弓折馬死	償他無疑〔9〕	財能害己〔10〕

句　數太公家教	105	106	107	108	109
鳴沙石室	必須畏之	酒能敗身	必須戒之	色能置害	必須遠之
P2564	必須遠之	酒能敗身	必須戒之	色能致害	必須去之
P3764	必須遠之	酒能敗身	必須戒之	色能致害	必須去之
周鳳五	必須遠之	酒能敗身	必須戒之	色能致亂	必須棄之
汪泛舟	必須畏之	酒能敗身	必須戒之	色能致害	必須遠之
黑田彰	必須遠之	酒能敗身	必須戒之	色能致害	必須去之
撰人考定	必須遠之	酒能敗身〔11〕	必須戒之	色能致害〔12〕	必須去之

句　數太公家教	110	111	112	113	114
鳴沙石室	忿能積惡	必須忍之	心能造惡	必須戒之	口能招禍
P2564	忿能積惡	必須思之	心能造惡	必須裁之	口能招禍
P3764	忿能積惡	必須思之	心能造惡	必須裁之	口能招禍
周鳳五	忿能積惡	必須忍之	心能造惡	必須裁之	口能招禍
汪泛舟	忿能積惡	必須忍之	心能生惡	必須裁之	口能招禍
黑田彰	忿能積惡	必須忍之	心能造惡	必須裁之	口能招禍
撰人考定	忿能積惡〔13〕	必須忍之	心能造惡〔14〕	必須裁之	口能招禍〔15〕

句　數太公家教	115				
鳴沙石室	必須慎之				
P2564	必須慎之				
P3764	必須慎之				
周鳳五	必須慎之				
汪泛舟	必須慎之				
黑田彰	必須慎之				
撰人考定	必須慎之				

〔第四段〕（84～115）

【校勘】

1. 周鳳五氏：參考底本鳴沙石室佚書影寫本、斯 1291、斯 6183。

2. 黑田彰氏：參考斯 1291a、斯 6183。

3. 撰人考定：參考羅振玉氏舊藏本、斯 1291、斯 3835、斯 5729、斯 6183、
　　伯 2564、伯 2738、伯 2937、伯 3248、伯 3599、伯 3623、底
　　本伯 3764、伯 4085、寧樂本。

【押韻】

宜（上平 4 支）、虧（上平 4 支）、窺（上平 4 支）、知（上平 4 支）、譏（上平
5 微）、思（上平 4 支）、欺（上平 4 支）、騎（上平 4 支或去聲 4 寘）、疑（上
平 4 支）、之（上平 4 支）為韻，（支、微）。

【注解】

〔1〕教子之法，常令自慎：此二句雖未出現在敦煌遺書之斯 1291、伯 2937、
　　伯 3623，但據羅氏、伯 2564、伯 3764 之錄。聯芳案：將上述撰人考定
　　亦予以補錄；另「勿得隨宜」並未出現在敦煌遺書之羅振玉氏舊藏本、
　　伯 3764、寧樂本，但據上述撰人考定亦予補錄。察隨宜猶隨即，為不
　　經意，「勿得隨宜」即喻時刻應謹慎行事。

〔2〕言不可失，行不可窺：韓非子《曾子殺豬》：「今子欺之，是教子欺也。
　　母欺子，子而不信其母，非所以成教也。」聯芳案：此喻為人父母之身
　　教更重於言教。

〔3〕他籬莫越：斯1291、斯3835、斯6183、伯2564、伯2937、伯3623、伯3824作「驀」；羅本、伯2738、伯3599、伯3764、伯4085作「越」。聯芳案：同《論語・顏淵篇第十二》言「非禮勿視，非禮勿聽，非禮勿言，非禮勿動。」〔註37〕指約己功夫，若能使人勿入於非禮，禮在於心，即可克己復禮，約己歸人。取「越」，此字可謂寓意深遠。

〔4〕他貧莫笑：斯1291作「譏」；斯3835、伯2738、伯3599、伯3623作「笑」。聯芳案：承上文意，「笑」宜。

〔5〕他病莫欺：原伯3599缺；參考斯1291、斯6183、伯2564、伯2738、伯3623、伯3764、伯3824補入。

〔6〕他財莫取：伯2738作「取」；斯6183、伯2564、伯2937、伯3104、伯3599、伯3623、伯3764作「願」。聯芳案：承上文意，「取」較宜。

〔7〕他色莫思：羅本作「侵」；伯2564作「知」；斯3835、伯2937、伯3599、伯3623、伯3764作「思」。聯芳案：承上文意，取「思」宜。

〔8〕他弓莫挽：伯3599無；參考斯1291、斯3835、斯6173、斯6183、伯2564、伯2738、伯3623、伯3764補入。

〔9〕償他無疑：羅本作「常」；斯1291、斯3835、斯6183、伯3623作「償」；斯6173、伯2564、伯3599、伯3764作「賞」；伯2937作「上」。聯芳案：承上下句之文意，此句倒裝，「賞」或為「償」之借字，以「償」為協韻。

〔10〕財能害己，必須遠之：斯6173、伯2738作「畏」；斯3835、斯6183、伯2564、伯2937、伯3623、伯3764作「遠」。聯芳案：此承文意取「遠」。

〔11〕酒能敗身，必須戒之：斯3835、斯6173、斯6183、伯2564、伯3623作「誡」；羅本、斯1291、伯2738、伯3764作「戒」。聯芳案：承上文意，「戒」較相宜。

〔12〕色能致害，必須去之：斯1291、斯6183、伯2564作「亂」；羅本、斯3835、斯6173、伯2738、伯3599、伯3764作「致害」。另斯1291、伯3764作「去」；斯3835、斯6183、伯2564作「棄」；羅本、斯6173、伯2738、伯3599作「遠」。聯芳案：斟酌上下文意，以「致害」和「去」較為合宜。

〔註37〕錢穆著：《論語新解》；臺北市：東大圖書股份有限公司，第三版二刷，2015年5月，頁323～325。

聯芳案：唐杜正倫《百行章‧近行章第四十三》亦云：「財能害己，何苦假哉；酒能敗身，不勞多飲；色能致命，特須割之。」〔註38〕古人視酒色財為三害，箴言流傳於世，並告誡世人警而惕之。

〔13〕忿能積惡，必須忍之：斯6173、伯2937作「亦」；羅本、斯3835、伯2564、伯3599、伯3623、伯3764作「必」。聯芳案：承上文意，「必」較相宜。

〔14〕心能造惡，必須裁之：斯6173作「遠」；羅本、伯2738作「誡」；斯1291、斯3835、斯6183、伯2564、伯2937、伯3623、伯3764作「裁」。聯芳案：承上文意，「裁」較相宜。

〔15〕口能招禍，必須慎之：斯6173、伯2738、伯2937作「亦」；斯3835、斯6183、伯2564、伯3764作「必」。聯芳案：承上文意，「必」較相宜。

〔第五段〕（116～143）

句　數 太公家教	116	117	118	119	120
鳴沙石室	見人善事	必須讚之	見人惡事	必須奄之	隣有災難
P2564	見人善事	必須讚之	見人惡事	必須掩之	鄰有災難
P3764	見人善事	必須讚之	見人惡事	必須掩之	鄰有災難
周鳳五	見人善事	必須讚之	見人惡事	必須掩之	隣有災難
汪泛舟	見人善事	必須贊之	見人惡事	必須掩之	隣有災難
黑田彰	見人善事	必須讚之	見人惡事	必須掩之	隣有災難
撰人考定	見人善事〔1〕	必須讚之	見人惡事	必須掩之	鄰有災難〔2〕

句　數 太公家教	121	122	123	124	125
鳴沙石室	必須救之	見人鬥打	即須諫之	囗	囗
P2564	即須救之	見人鬥打	必須諫之	見人不是	必須語之
P3764	即須救之	見人鬥打	必須諫之	見人不是	必須語之
周鳳五	必須救之	見人鬥打	必須諫之	見人不是	必須語之

〔註38〕汪泛舟編著：《敦煌古代兒童課本》，蘭州，甘肅人民出版社，2000年，6月，頁124～125。

汪泛舟	必須救之	見人鬥打	必須諫之	見人不是	必須語之
黑田彰	必須救之	見人鬪打	必須諫之	見人不是	必須語之
撰人考定	必須救之	見人鬪打	必須諫之	見人不是	必須語之

句　數 太公家教	126	127	128	129	130
鳴沙石室	▯	▯	意欲去處	即須審之	見人不是
P2564	好言善述	必須學之	意欲去處	必須審之	不如己者
P3764	好言善述	必須學之	意欲去處	必須審之	不如己者
周鳳五	美言善述	必須學之	意欲去處	必須審之	不如己者
汪泛舟	美言善述	必須學之	意欲去處	必須審之	不如己者
黑田彰	好言善述	必須學之	意欲去處	必須審之	不如己者
撰人考定	好言善述	必須學之	意欲去處	必須審之	不如己者

句　數 太公家教	131	132	133	134	135
鳴沙石室	即須教之	非是時流	即須避之	▯	▯
P2564	必須教之	非是時流	▯	惡人欲染	必須避之
P3764	必須教之	非是時流	▯	惡人欲染	必須避之
周鳳五	必須教之	非是時流	**必須棄之**	惡人欲染	必須避之
汪泛舟	必須教之	非是時流	**必須棄之**	惡人欲染	必須避之
黑田彰	必須教之	非是時流	**必須去之**	惡人欲染	必須避之
撰人考定	必須教之	非是時流	必須棄之	惡人欲染	必須避之

句　數 太公家教	136	137	138	139	140
鳴沙石室	羅網之鳥	悔不高飛	吞鈎之魚	恨不忍飢	人生誤計
P2564	羅網之鳥	悔之不高飛	吞鈎之魚	恨不忍飢	人生悞記
P3764	羅網之鳥	悔之不高飛	吞鈎之魚	恨不忍飢	人生悞記
周鳳五	羅網之鳥	悔不高飛	吞鈎之魚	恨不忍飢	人生誤計
汪泛舟	羅網之鳥	恨不高飛	吞鈎之魚	恨不忍飢	人生誤計

黑田彰	羅網之鳥	悔不高飛	吞鉤之魚	恨不忍飢	人生愄計
撰人考定	羅網之鳥〔3〕	悔不高飛	吞鉤之魚	恨不忍飢	人生誤計

句　數 太公家教	141	142	143		
鳴沙石室	恨不三思	禍將及己	恨不忍之		
P2564	恨不三思	禍將及己	悔不慎之		
P3764	恨不三思	禍將及己	悔不慎之		
周鳳五	恨不三思	禍將及己	悔不慎之		
汪泛舟	恨不三思	禍將及己	恨不慎之		
黑田彰	恨不三思	禍將及己	悔不慎之		
撰人考定	恨不三思	禍將及己	悔不慎之		

〔第五段〕（116～143）

【校勘】

1. 周鳳五氏：參考底本鳴沙石室佚書影寫本、斯 3835、斯 6183、伯 2564、
伯 2937。

2. 黑田彰氏：參考羅振玉氏舊藏本、斯 1163、斯 1291、斯 3835、斯 5773、
斯 6173、斯 6183、伯 2564、伯 2738、伯 2825、伯 2937、伯
3599、伯 3623、底本伯 3764、伯 3894、伯 4085。

3. 撰人考定：參考羅振玉氏舊藏本、斯 1163、斯 1291、斯 3835、斯 5773、
斯 6173、斯 6183、伯 2564、伯 2738、伯 2825、伯 2937、伯
3248、伯 3599、伯 3623、伯 3764、伯 3894、伯 4085、Дx03863。

【押韻】

之（上平 4 支）、飛（上平 5 微）、飢（上平 4 支）、思（上平 4 支）為韻，（支、
微）

【注解】

〔1〕見人善事：見《禮記·中庸第三十一》：「舜好問而好察邇言，隱惡而揚
善，執其兩端，用其中於民，其斯以為舜乎！」〔註39〕聯芳案：舜能採

〔註39〕王文錦譯解：《禮記譯解》；北京，中華書局，2016 年第 8 版，頁 800。

取中庸之道，對別人隱藏其過錯，反表揚其功善，巧妙掌握過與不及的兩種極端為其處世準則，但今日社會卻完全相反，喜揭露別人隱私，樂於採取鬥爭態度，遇強權利益誘惑則姑息惡人，遇損害自己利益時，又要求對惡人繩之以法，此兩極化長久以往將造成社會的分裂。

〔2〕鄰有災難，必須救之：伯2564、伯3764作「即」；斯3835、伯3623作「必」；斯6173、伯3599作「則」。見《孟子・藤文公上》：「死徙無出鄉，鄉田同井，出入相友，守望相助，疾病相扶持，則百姓親睦。」
〔註40〕聯芳案：百姓出入勞作相互伴隨，抵禦盜寇互相幫助，遇病痛意外互相照顧，百姓友愛和睦，取「必」較相宜。

〔3〕羅網之鳥……悔不慎之：伯2738作「忍」；斯6173、伯2937、伯3599、伯3622、伯3764作「慎」。聯芳案：意喻今日的不幸結果，後悔莫及當初的錯失良機，規勸世人凡事莫只看眼前利益，宜三思而行，取「悔不慎之」較宜。

〔第六段〕（144～161）

句數 太公家教	144	145	146	147	147a
鳴沙石室	其父出行	子須從後	路逢尊者	齊腳劍*手	尊人之前
P2564	其父出行	子須從後	路逢尊▢	齊腳斂手	
P3764	其父出行	子須從後	路逢尊▢	齊腳斂手	
周鳳五	其父出行	子須從後	路逢尊者	齊腳斂手	
汪泛舟	其父出行	子須從後	路逢尊者	齊腳斂手	尊人之前
黑田彰	其父出行	子則從後	路逢尊者	齊腳斂手	
撰人考定	其父出行〔1〕	子須從後	路逢尊者	齊腳斂手	

句數 太公家教	147b	148	149	150	151
鳴沙石室	不得唾地	尊人賜酒	必須拜受	尊者賜肉	骨不與苟
P2564		尊者賜酒	即須拜受	尊者賜肉	骨不與狗

〔註40〕（宋）朱熹撰，金良年今譯：《四書章句集注》，上海，上海古籍出版社，2006年8月。（2009.3重印），頁326～327。

P3764		尊者賜酒	即須拜受	尊者賜肉	骨不與狗
周鳳五		尊者賜酒	必須拜受	尊者賜肉	骨不與狗
汪泛舟	不得地唾	尊人賜酒	必須拜受	尊者賜肉	骨不與狗
黑田彰		尊者賜酒	必須拜受	尊者賜肉	骨不與狗
撰人考定		尊者賜酒〔2〕	必須拜受	尊者賜肉	骨不與狗

句　數 太公家教	152	153	154	155	156
鳴沙石室	尊者賜菓	懷核在手	若也棄之	為礼大醜	對客之前
P2564	尊者賜菓	懷核在手	勿即棄之	為禮大醜	對客之前
P3764	尊者賜菓	懷核在手	勿即棄之	為禮大醜	對客之前
周鳳五	尊者賜菓	懷核在手	勿得棄之	違禮大醜	對客之前
汪泛舟	尊者賜菓	懷核在手	若也棄之	違禮太醜	對客之前
黑田彰	尊者賜菓	懷核在手	勿得棄之	為礼大醜	對客之前
撰人考定	尊者賜菓〔3〕	懷核在手	勿即棄之	為禮大醜	對客之前〔4〕

句　數 太公家教	157	158	158a	159	160
鳴沙石室	不得唾涕			亦不漱口	憶而莫忘
P2564	不得叱狗	囗		亦不得嗽口	憶而莫忘
P3764	不得叱狗	囗		亦不得嗽口	憶而莫忘
周鳳五	不得叱狗	對食之前	不得唾地	亦不得漱口	憶而莫忘
汪泛舟	不得叱狗	對食之前		不能漱口	憶而莫忘
黑田彰	不得叱狗	對食之前		亦不得漱口	憶而莫忘
撰人考定	不得叱狗	對食之前	不得唾地	亦不得漱口	憶而莫忘

句　數 太公家教	161				
鳴沙石室	終身無咎				
P2564	終身無咎				
P3764	終身無咎				
周鳳五	終身無咎				

汪泛舟	終身無咎				
黑田彰	終身無咎				
撰人考定	終身無咎				

〔第六段〕（144～161）

【校勘】

1. 周鳳五氏：參考底本鳴沙石室佚書影寫本。

2. 黑田彰氏：參考羅振玉氏舊藏本、斯 1291、斯 5773、伯 2564、底本伯 3764、伯 3894。

3. 撰人考定：參考羅振玉氏舊藏本、斯 1291、斯 3835、斯 5773、斯 6173、伯 2564、伯 2738、伯 2825、伯 2937、伯 3248、伯 3599、伯 3623、伯 3764、伯 3894、伯 4085、BD16191 號。

【押韻】

後（上聲 25 有）、手（上聲 25 有）、受（上聲 25 有）、狗（上聲 25 有）、醜（上聲 25 有）、口（上聲 25 有）、咎（上聲 25 有）為韻，（有）。

【注解】

〔1〕其父出行，子須從後：斯 6173、伯 2564、伯 2738、伯 3248、伯 3599 作「則」；羅本、伯 2825、伯 3764、伯 3894 作「須」。《禮記・曲禮》：「從於先生，不越路而與人言。遭先生於道，趨而進，正立拱手。先生與之言則對，不與之言則趨而退。」〔註41〕聯芳案：此段喻日常生活處事需進退有據，方不失其禮，取「須」較相宜。

〔2〕尊者賜酒……：羅本、伯 2738 作「人」；斯 3835、斯 5773、伯 2564、伯 3248、伯 3599、伯 3623、伯 3894 作「者」。聯芳案：《禮記・曲禮》：「侍食於長者，主人親饋，則拜而食；主人不親饋，則不拜而食；……毋摶飯，毋放飯，毋流歠，毋咤食，毋齧骨，毋反魚肉，毋投與狗骨，毋固獲，毋揚飯，飯黍毋以箸，毋嚃羹，毋絮羹，毋刺齒，毋歠醢。」〔註42〕聯芳案：與長者用餐禮儀，不可流於形式，更不可任意妄為，守禮之節度，取「者」為敬稱，較相宜。

〔註41〕王文錦譯解：《禮記譯解》；北京，中華書局，2016 年第 8 版，頁 10～11。
〔註42〕王文錦譯解：《禮記譯解》；北京，中華書局，2016 年第 8 版，頁 20～21。

〔3〕尊者賜果，懷核在手：伯3599缺「者」、「果」；參考斯1291、斯5773、斯6173、伯2564、伯2937、伯3623、伯3764、伯3894補入。《禮記‧曲禮》：「長者賜，少者，賤者不敢辭。賜果於君前，其有核者懷其核。」〔註43〕聯芳案：謹守日常生活禮節，進退有度，取「懷核在手」。

〔4〕對客之前，不得唾地，亦不得漱口：羅本作「唾涕」；斯5773、伯3599、伯3764作「亦不得唾地，不得漱口」；斯6173、伯2564、伯2738、伯2937、伯3894作「不得唾地，亦不得漱口」。周氏參考：雖無敦煌遺書資料顯示，但原有 尊人之前不得唾地 八字，下文又出「對食之前，不得唾地」，此處不應複出，和「地」不協韻，茲刪；而黑田氏參考：斯1291a、斯5573、伯2564、伯3894a。《禮記‧曲禮》：「尊客之前不叱狗，讓食不唾。」〔註44〕聯芳案：《太公家教》此段所出文字，竟多與《禮記‧曲禮》相符。惟其用字較淺顯易明，此或為對童蒙教材之便，取「不得唾地，亦不得漱口」為宜。

〔第七段〕（162～181）

句　數 太公家教	162	163	164	165	166
鳴沙石室	立身之本	義讓為先	賤莫與交	貴莫與親	他奴莫語
P2564	立身之本	義讓為先	賤莫與交	貴莫與親	他奴莫與語
P3764	立身之本	義讓為先	賤莫與交	貴莫與親	他奴莫與語
周鳳五	立身之本	義讓為先	賤莫與交	貴莫與親	他奴莫與語
汪泛舟	立身之本	義讓為先	賤莫與交	貴莫與親	他奴莫與語
黑田彰	立身之本	義讓為先	賤莫與交	貴莫與親	他奴莫與語
撰人考定	立身之本〔1〕	義讓為先〔2〕	賤莫與交〔3〕	貴莫與親	他奴莫與語

句　數 太公家教	167	168	169	170	171
鳴沙石室	他婢莫與言	商販之家	慎莫為婚	市道接利	莫與為隣
P2564	他婢莫與言	商販之家	慎莫為婚	市道接利	莫與為鄰

〔註43〕王文錦譯解：《禮記譯解》；北京，中華書局，2016年第8版，頁22～23。
〔註44〕王文錦譯解：《禮記譯解》；北京，中華書局，2016年第8版，頁15。

P3764	他婢莫與言	商販之家	慎莫為婚	市道接利	莫與為鄰
周鳳五	他婢莫與言	商販之家	慎莫為婚	市道接利	莫與為鄰
汪泛舟	他婢莫與言	商販之家	慎莫為婚	市道接利	莫與為鄰
黑田彰	他婢莫與言	商販之家	慎莫為婚	市道接利	莫與為鄰
撰人考定	他婢莫與言	商販之家	慎莫為婚	市道接利	莫與為鄰

句　數 太公家教	172	173	174	175	176
鳴沙石室	敬上愛下	汎愛尊賢	孤兒寡婦	特可矜憐	乃可無官
P2564	敬上愛下	汎愛尊賢	孤兒寡婦	特可矜怜	乃可無官
P3764	敬上愛下	汎愛尊賢	孤兒寡婦	特可矜怜	乃可無官
周鳳五	敬上愛下	汎愛尊賢	孤兒寡婦	特可矜憐	乃可無官
汪泛舟	敬上愛下	汎愛尊賢	孤兒寡婦	特可矜怜	乃可無官
黑田彰	敬上愛下	汎愛尊賢	孤兒寡婦	特可矜憐	乃可無官
撰人考定	敬上愛下	汎愛尊賢	孤兒寡婦	特可矜怜	乃可無官

句　數 太公家教	177	178	179	180	181
鳴沙石室	不得失婚	身須擇行	口須擇言	惡人同會	禍必及身
P2564	不得失婚	身須擇行	口須擇言	共惡人同會	禍必及身
P3764	不得失婚	身須擇行	口須擇言	共惡人同會	禍必及身
周鳳五	不得失婚	身須擇行	口須擇言	共惡人同會	禍必及身
汪泛舟	不可失婚	身須擇行	口須擇言	惡人同會	禍必及身
黑田彰	不得失婚	身須擇行	口須擇言	共惡人同會	禍必及身
撰人考定	不得失婚	身須擇行〔4〕	口須擇言	惡人同會〔5〕	禍必及身

〔第七段〕（162〜181）

【校勘】

1. 周鳳五氏：參考底本鳴沙石室佚書影寫本。

2. 黑田彰氏：參考底本伯3764、伯4085。

3. 撰人考定：參考羅振玉氏舊藏本、斯 1163、斯 1291、斯 3835、斯 5773、
斯 6173、伯 2564、伯 2738、伯 2825、伯 2937、伯 3248、伯
3430、伯 3599、伯 3623、伯 3764、伯 3894、伯 4085、Дх12827。

【押韻】

先（下平 1 先）、親（上平 11 真）、言（上平 13 元）、婚（上平 13 元）、隣（上平 11 真）、賢（下平 1 先）、憐（下平 1 先）、身（上平 11 真）為韻，（先、真、元）。

【注解】

〔1〕立身之本：《群書治要》有云：「夫孝敬仁義，百行之首，而立身之本也。」故百善以孝為先，為人生修養的根本之道。

〔2〕義讓：乃基於大義的謙讓。《春秋左傳注》：「莊公二十七年五月『晉侯將伐虢。士蒍曰不可，虢公驕，若驟得勝於我，必棄其民。……夫禮、樂、慈、愛，戰所畜也。夫民，讓事、樂和、愛親、哀喪，而後可用也……。』」〔註45〕

〔3〕賤莫與交，貴莫與親，他奴莫與語：伯 3599 缺「與」；斯 1291、斯 3835、斯 5773、斯 6173、伯 2564、伯 2937、伯 3248、伯 3430、伯 3623、伯 3764 補入。聯芳案：不與富交我不貧，不與貴交我不賤，為人處事應保持精神態度和經濟獨立，凡事不卑不亢，勇敢前進才是真理。此乃《太公家教》以消極人生觀，望亂世中可求得個人立身處世之安穩，故宜補入。

〔4〕身需擇行，口須擇言：《孝經・卿大夫》：「是故非法不言，非道不行，口無擇言，身無擇行。」切忌莫要做不合法度的行為，停止不合法度的議論，社會和國家的穩定在於人心安定，故謹言慎行才是正道。

〔5〕惡人同會，禍必及身：《漢書・荊燕吳傳》：「同惡相助，同好相留，同情相求，同欲相趨，同利相死……；故晁錯為國遠慮，禍反及身。」〔註46〕聯芳案：為人處事立身根本應量力而為，與人為善。故孔子曰：「君子而不仁者有矣夫！未有小人而仁者也。」

〔註45〕楊伯峻編著：《春秋左傳注》；北京，中華書局，3 版（修訂本），2009 年 10 月，頁 234～237。

〔註46〕〔漢〕班固著：〔唐〕顏師古注：《漢書》；北京，中華書局，2013 年 4 月重印，頁 1899～1919。

〔第八段〕（182～201）

句　數 太公家教	182	183	184	185	186
鳴沙石室	養兒之法	莫聽誑言	育女之法	不聽離母	男年長大
P2564	養兒之法	莫聽誰言	育女之法	莫聽離母	男年長大
P3764	養兒之法	莫聽誰言	育女之法	莫聽離母	男年長大
周鳳五	養子之法	莫聽誑語	育女之法	莫聽離母	男年長大
汪泛舟	養兒之法	莫聽誑言	育女之法	莫聽離母	男年長大
黑田彰	養男之法	莫聽誑語	育女之法	莫聽離母	男年長大
撰人考定	養兒之法	莫聽誑言〔1〕	育女之法	莫聽離母〔2〕	男年長大

句　數 太公家教	187	188	189	190	191
鳴沙石室	莫聽好酒	女年長大	莫聽遊走	丈夫好酒	宣拳拃肘
P2564	莫聽好酒	女年長大	莫聽遊走	丈夫飲酒	揎拳拃肘
P3764	莫聽好酒	女年長大	莫聽遊走	丈夫飲酒	揎拳拃肘
周鳳五	莫聽好酒	女年長大	莫聽遊走	丈夫好酒	揎拳拃肘
汪泛舟	莫聽好酒	女年長大	莫聽遊走	丈夫好酒	揎拳拃肘
黑田彰	莫聽好酒	女年長大	莫聽遊走	丈夫飲酒	揎拳拃肘
撰人考定	莫聽好酒〔3〕	女年長大	莫聽遊走	丈夫飲酒〔4〕	揎拳拃肘

句　數 太公家教	192	193	194	195	196
鳴沙石室	行不擇地	言不擇口	觸突尊卑	鬥亂用*友	女人遊走
P2564	行不擇地	言不擇口	觸突尊賢*	鬥亂朋友	女人遊走
P3764	行不擇地	言不擇口	觸突尊賢*	鬥亂朋友	女人遊走
周鳳五	行不擇地	言不擇口	觸突尊卑	鬥亂朋友	女人遊走
汪泛舟	行不擇地	言不擇口	觸突尊卑	鬥亂朋友	女人游走
黑田彰	行不擇地	言不擇口	觸突尊賢*	鬥亂朋友	女人遊走
撰人考定	行不擇地	言不擇口	觸突尊賢*	鬥亂朋友	女人遊走

句　數 太公家教	197	198	199	200	201
鳴沙石室	逞其姿首	男女雜合	風聲大醜	慚恥尊親	損辱門戶
P2564	逞其姿首	男女雜合	風聲大醜	慙恥宗親	損辱門戶
P3764	逞其姿首	男女雜合	風聲大醜	慙恥宗親	損辱門戶
周鳳五	逞其姿首	男女雜合	風聲大醜	慚恥宗親	損辱門戶
汪泛舟	逞其姿首	男女雜合	風聲太醜	污染宗親	損辱門戶
黑田彰	逞其姿首	男女雜合	風聲大醜	**慙**恥宗親	損辱門戶
撰人考定	逞其姿首〔5〕	男女雜合	風聲大醜	慚恥尊親	損辱門戶

〔第八段〕（182～201）

【校勘】

1. 周鳳五氏：參考底本鳴沙石室佚書影寫本、斯3835、斯6173、伯2564、伯2738、伯2825、伯2937、伯3764。

2. 黑田彰氏：參考底本伯3764、伯4085。

3. 撰人考定：參考羅振玉氏舊藏本、斯1291、斯3835、斯5773、斯6173、伯2564、伯2738、伯2825、伯2937、伯3248、伯3430、伯3599、伯3623、伯3764、伯3894、伯4085、伯4995、Дх12827、Дх19082。

【押韻】

語（上聲6語）、母（上聲7麌）、酒（上聲25有）、走（上聲25有）、肘（上聲25有）、口（上聲25有）、友（上聲25有）、首（上聲25有）、醜（上聲25有）、戶（上聲7麌）為韻，（語、麌、有）。

【注解】

〔1〕莫聽誆言：伯2564、伯3764作「誰」；斯3835、伯3248作「強」；斯6173、伯2738、伯3430、伯3894、伯4085作「誆」。聯芳案；誆以欺騙，迷惑也。說文解字：「誆，欺也。」《韓非子‧和氏》：「王以和為誆，而刖其左足。」〔註47〕，故取「誆」為宜。

〔註47〕王力主編：《王力古漢語字典》；北京，中華書局，2000年6月，（2012年2月重印），頁1280。

〔2〕莫聽離母：羅本、伯2738作「不」；斯1291、斯3835、斯6173、伯2564、伯2825、伯3599、伯3764、伯3894作「莫」。聯芳案：承上文意，取「莫」為宜。

〔3〕莫聽好酒：好酒者喻嗜好飲酒。《南史・焦度傳》：「性好酒，醉則暴怒。」又南朝宋劉義慶《世說新語・規箴》：「元帝過江尤好酒，王茂弘與帝有舊，常流涕諫，帝許之。」聯芳案：酒者杯中物，小飲怡情，醉酒則亂性。故勸戒世人，莫耽溺於酒。

〔4〕丈夫飲酒：伯4085作「嗜」；羅本、斯6173、伯2564、伯2738、伯3430作「好」；斯3835、伯3248、伯3623、伯3764、伯3894作「飲」。聯芳案：好，喜愛也。取「好」為宜。

〔5〕姿首：泛指美麗的容貌。《敦煌變文集・伍子胥變文》：「秦穆公之女顏如玉，二八容光若桃李，見其姿首納為妃，豈合君王有此理。」聯芳案：女人遊走，應端正姿首，合於婦女應有婦德。

〔第九段〕（202～213）

句　數　太公家教	202	203	204	205	206
鳴沙石室	婦人送客	不出閨庭	行其言語	下氣低聲	出行逐伴
P2564	婦人送客	莫出閨庭	所有言語	下氣低聲	出行逐伴
P3764	婦人送客	莫出閨庭	所有言語	下氣低聲	出行逐伴
周鳳五	婦人送客	不出閨庭	所有言語	下氣低聲	出行逐伴
汪泛舟	婦人送客	不出閨庭	所有言語	下氣低聲	出行逐伴
黑田彰	婦人送客	莫出閨庭	所有言語	下氣低聲	出行逐伴
撰人考定	婦人送客	莫出閨庭〔1〕	所有言語	下氣低聲	出行逐伴

句　數　太公家教	207	208	209	210	211
鳴沙石室	隱影藏形	門送前客	莫出齊聽	一行有失	百行俱傾
P2564	隱影藏形	門前有客	莫出齊聽	一行有失	百行俱傾
P3764	隱影藏形	門前有客	莫出齊聽	一行有失	百行俱傾

周鳳五	隱影藏形	門前有客	莫出聞聽	一行有失	百行俱傾
汪泛舟	隱影藏形	門前有客	莫出聞聽	一行有失	百行俱傾
黑田彰	隱影藏形	門前有客	莫出齊廳	一行有失	百行俱傾
撰人考定	隱影藏形〔2〕	門前有客	莫出齊聽〔3〕	一行有失	百行俱傾〔4〕

句　數 太公家教	212	213			
鳴沙石室	能於此礼	無事不精			
P2564	能依此礼	無事不精			
P3764	能依此礼	無事不精			
周鳳五	能依此禮	無事不精			
汪泛舟	能依此理	無事不精			
黑田彰	能依此礼	無事不精			
撰人考定	能依此禮	無事不精			

〔第九段〕（202～213）

【校勘】

1. 周鳳五氏：參考底本鳴沙石室佚書影寫本、斯6173、伯2564、伯2937、
   伯3764。

2. 黑田彰氏：參考斯3835、底本伯3764。

3. 撰人考定：參考羅振玉氏舊藏本、斯1291、斯3835、斯5773、斯6173、
   伯2564、伯2738、伯2825、伯2937、伯3248、伯3430、伯
   3599、伯3623、伯3764、伯3894、伯4085、伯4995、Дx19082。

【押韻】

庭（下平9青）、聲（下平8庚）、形（下平9青）、廳（下平9青）、傾（下平
8庚）、精（下平8庚）為韻，（青、庚）。

【注解】

〔1〕莫出閨庭：羅本、斯3835、斯6173、伯2564、伯2738、伯2825、伯
   3894作「不」；斯5773、伯3248、伯3599、伯3623、伯3764作「莫」。
   聯芳案：承上文意，取「莫」較宜。

〔2〕隱影藏行：喻女性出門在外不宜抛頭露面。聯芳案：應有限度將形影隱藏保持大家閨秀形象，不要招蜂引蝶，此句恰與前告誡「逞其姿首」有異曲同工之妙。

〔3〕莫出齊聽：羅本、伯 2564、伯 3764 作「聞」；斯 3835、斯 5773、斯 6173、伯 2738、伯 2937、伯 3248、伯 3599、伯 3623、伯 3894 作「齊」。聯芳案：承上文意，取「莫出齊聽」較宜。

〔4〕百行具傾：百為數詞，言其多之意。《論語‧憲問》：「修己以安百姓，堯舜其猶病諸。」〔註48〕聯芳案：若能修己以敬，進而修己以安人，定將百行非傾反具興焉。

〔第十段〕（214～239）

句　數 太公家教	214	215	216	217	218
鳴沙石室	新婦事父	闕	音聲莫聽	形影不覩	夫之婦兄
P2564	新婦事君	同於事父	音聲莫聽	形影不覩	夫之父兄
P3764	新婦事君	同於事父	音聲莫聽	形影不覩	夫之父兄
周鳳五	新婦事君	敬同於父	音聲莫聽	形影莫睹	夫之父兄
汪泛舟	新婦事君	同于事父	音聲莫聽	形影不覩	夫之父兄
黑田彰	新婦事君	同於事父	音聲莫聽	形影不覩	夫之父兄
撰人考定	新婦事君〔1〕	同於事父	音聲莫聽	形影不覩	夫之父兄

句　數 太公家教	219	220	221	222	223
鳴沙石室	不得對語	孝養〔1〕翁家	敬事夫主	汎愛尊賢	教示男女
P2564	不德對語	孝養翁家	敬事夫主	汎愛尊賢	教示男女
P3764	不德對語	孝養翁家	敬事夫主	汎愛尊賢	教示男女
周鳳五	不得對語	孝養翁家	敬事夫主	親愛尊卑	教示男女
汪泛舟	不得對語	孝養翁婆	敬事夫主	親愛尊卑	教示男女

〔註48〕錢穆著：《論語新解》；臺北市：東大圖書股份有限公司，第三版二刷，2015 年 5 月，頁 323～325。

黑田彰	不得對語	孝養翁家	敬事夫主	汎愛尊賢	教示男女
撰人考定	不得對語	孝養翁婆〔2〕	敬事夫主〔3〕	汎愛尊賢〔4〕	教示男女

句　數 太公家教	224	225	226	227	228
鳴沙石室	行則緩步	言必小語	勤事女功	莫學歌舞	小為人子
P2564	行則緩步	言必少語	懃事女功	莫學歌舞	小為人子
P3764	行則緩步	言必少語	懃事女功	莫學歌舞	小為人子
周鳳五	行則緩步	言必細語	勤事女功	莫學歌舞	少為人子
汪泛舟	行則緩步	言必細語	勤事女功	莫學歌舞	少為人子
黑田彰	行則緩步	言必細語	懃事女功	莫學歌舞	小為人子
撰人考定	行則緩步	言必少語	勤事女紅〔5〕	莫學歌舞	小為人子

句　數 太公家教	229	230	231	232	233
鳴沙石室	長為人	出則劍容*	動則庠序	敬慎口言	終身無苦
P2564	長為人父	出則斂容	動則庠序	敬慎口言	終身無苦
P3764	長為人父	出則斂容	動則庠序	敬慎口言	終身無苦
周鳳五	長為人母	出則斂容	動則庠序	敬慎口言	終身無苦
汪泛舟	長為人母	出則斂容	動則庠序	敬慎口言	終身無苦
黑田彰	長為人母	出則斂容	動則庠序	敬慎口言	終身無苦
撰人考定	長為人父	出則斂容	動則庠序〔6〕	敬慎口言	終身無苦

句　數 太公家教	234	235	236	237	238
鳴沙石室	希見今時	貧家養女	不解麻布	不閑針縷	貪食不作
P2564	希見今時	貧家養女	不解絲*麻	不閑針縷	貪食不作
P3764	希見今時	貧家養女	不解絲*麻	不閑針縷	貪食不作
周鳳五	希見今時	貧家養女	不解絲麻	不閑針縷	貪食不作
汪泛舟	希見今時	貧家養女	不解麻布	不嫻針縷	貪食不作

黑田彰	希見今時	貧家養女	不解糸麻	不閑針縷	貪食不作
撰人考定	希見今時	貧家養女	不解絲*麻〔7〕	不閑針縷	貪食不作

句　數 太公家教	239				
鳴沙石室	好喜遊走				
P2564	好喜遊走				
P3764	好喜遊走				
周鳳五	好喜遊走				
汪泛舟	好喜游走				
黑田彰	好戲遊走				
撰人考定	好喜遊走				

〔第十段〕（214～239）

【校勘】

1. 周鳳五氏：參考底本鳴沙石室佚書影寫本、伯2564。

2. 黑田彰氏：參考斯5573、斯6173、伯3599、底本伯3764。

3. 撰人考定：羅振玉氏舊藏本、斯 1291、斯 3835、斯 5773、斯 6173、伯 2564、伯 2738、伯 2825、伯 2937、伯 2981、伯 3248、伯 3430、伯 3599、伯 3623、伯 3764、伯 3894、伯 4085、伯 4995、羅振玉藏本之一 Дx03858、Дx06141、Дx12696、Дx19082。

【押韻】

父（上聲7麌）、覿（上聲7麌）、語（上聲6語）、主（上聲7麌）、女（上聲6語）、舞（上聲7麌）、母（上聲7麌）、序（上聲6語）、苦（上聲7麌）、縷（上聲7麌）、走（上聲25有）為韻，（麌、語、有）。

【注解】

〔1〕新婦事君：伯2564作「夫」；羅本作「父」；伯3248、伯3599、伯3623、伯3894作「君」。聯芳案：承下文意，取「君」為宜。

〔2〕孝養翁婆：伯2564作「順」；羅本、斯3835、斯5773、斯6173、伯2738、伯2937、伯3248、伯3599、伯3623、伯3764、伯3894作「養」。伯2937

作「君家」；羅本作「翁門家」；斯6173、伯2564、伯2738、伯3248、伯3764、伯3894作「翁家」；斯3835、伯3599、伯3623作「翁婆」。聯芳案：此句謂竭盡孝忱奉養父母長輩，取「孝養翁婆」為宜。

〔3〕敬事夫主：中國傳統以丈夫為家主，故稱夫主。《後漢書·列女傳·班昭》：「正色端操，以事夫主。」聯芳案：此為中國以農立國的封建制度下，男主外女主內除限制了女性的活動範圍和行為外，更加大了男性的權利和地位，才會以「主」稱之。

〔4〕汎愛尊賢：伯2564作「親」；伯3599作「凡」；羅本、斯3835、斯6173、伯2738、伯2825、伯2937、伯3248、伯3764、伯3894作「汎」。聯芳案：汎為普遍、廣泛。論語學而篇有：汎愛眾而親仁。依文意，作「汎」為宜。

〔5〕女紅：亦作「女功」，舊指婦女所作的紡織、刺繡和縫紉等事。《史記·貨殖列傳》：「太公勸其女功，極技巧，通魚鹽。」《禮記·郊特性》：「黼黻文繡之美，疏布之尚，反女功之始也。」〔註49〕

〔6〕庠序：古代地方學校稱庠序，序為東西牆也，《爾雅·釋宮》：「東西牆謂之序。」《孟子·藤文公上》：「設為庠序學校以教之。夏曰校，殷曰序，周曰庠。」〔註50〕

〔7〕不解絲麻，不閑針縷：羅本、伯2738作「麻布」；斯3835、斯5773、斯6173、伯2564、伯2937、伯3599、伯3623、伯3764、伯3894作「絲麻」。聯芳案：麻布原指大麻、亞麻之類的布料，這裏代指紡織一事；針縷指針線，這裏指刺繡、縫紉等事；嫻為熟悉，通「閑」，二者通，取「絲麻」為宜。

〔第十一段〕（240～267）

句　數 太公家教	240	241	242	243	244
鳴沙石室	女年長大	聘為人婦	不敬君家	不畏夫主	大人使命
P2564	女年長大	聘為人婦	不敬君家	不畏夫主	大人使命

〔註49〕〔漢〕司馬遷撰：《史記》；北京，中華書局，1982年第2版，頁3253～3284。

〔註50〕王力主編：《王力古漢語字典》；北京，中華書局，2000年6月，（2012年2月重印），頁273～274。

P3764	女年長大	聘為人婦	不敬君家	不畏夫主	大人使命
周鳳五	女年長大	聘為人婦	不敬翁家	不畏夫主	大人使命
汪泛舟	女年長大	聘為人婦	不敬翁家	不畏夫主	大人使命
黑田彰	女年長大	聘為人婦	不敬君家	不畏夫主	大人使命
撰人考定	女年長大	聘為人婦〔1〕	不敬君家	不畏夫主	大人使命

句　數 太公家教	245	246	247	248	249
鳴沙石室	說辛道苦	夫罵一言	反應十矩	損辱兄弟	連累父母
P2564	說辛道苦	夫罵一言	反應十句	損辱兄弟	連累父母
P3764	說辛道苦	夫罵一言	反應十句	損辱兄弟	連累父母
周鳳五	說辛道苦	夫罵一言	反應十句	損辱兄弟	連累父母
汪泛舟	說辛道苦	夫罵一言	反應十口	損辱兄弟	連累父母
黑田彰	說辛道苦	夫罵一言	反應十句	損辱兄弟	連累父母
撰人考定	說辛道苦〔2〕	夫罵一言	反應十句〔3〕	損辱兄弟	連累父母

句　數 太公家教	250	251	252	253	253a
鳴沙石室	本不是人	狀同猪狗	含血損人	先惡其口	
P2564	本不是人	狀同猪狗	含血孫*人	先污其口	
P3764	本不是人	狀同猪狗	含血孫*人	先污其口	
周鳳五	本不是人	狀同猪狗	含血噀人	先污其口	夫人不言
汪泛舟	本不是人	狀同猪狗	含血噀人	先污其口	
黑田彰	本不是人	狀同猪狗	含血孫*人	先污其口	
撰人考定	本不是人	狀同猪狗〔4〕	含血噀人〔5〕	先污其口	

句　數 太公家教	253b	254	255	256	257
鳴沙石室		十言九中	不語者勝	小為人子	長為人父
P3764		十言九眾	不語者勝	小為人子	長為人父

P3764		十言九眾	不語者勝	小為人子	長為人父
周鳳五	言必有中	十言九中	不語者勝	少為人子	長為人父
汪泛舟		十言九中	不語則勝	小為人子	長為人父
黑田彰		十言九中	不語者勝	小為人子	長為人父
撰人考定		十言九眾	不語者勝	小為人子	長為人父

句　數 太公家教	258	259	260	261	262
鳴沙石室	居必擇隣	慕近良友	側立齊聽	後待賓客	侶無親疏
P2564	居必擇鄰	暮近*良友	側立齊聽	候待賓客	侶無親疎
P3764	居必擇鄰	暮近*良友	側立齊聽	候待賓客	侶無親疎
周鳳五	居必擇鄰	慕近良友	側立聞聽	厚待賓客	侶無親疎
汪泛舟	居必擇鄰	慕近良友	側立廳堂	候待賓客	侶無親疏
黑田彰	居必擇鄰	慕近良友	側立齊廳	候待賓侶	客無親疎
撰人考定	居必擇鄰	暮近*良友	側立齊聽	候待賓客	侶無親疎

句　數 太公家教	263	264	265	266	267
鳴沙石室	來者當受	合食與食	合酒與酒	閉門不看	還同豬狗
P2564	來者當受	合食與食	合酒與酒	閉門不看	還同豬狗
P3764	來者當受	合食與食	合酒與酒	閉門不看	還同豬狗
周鳳五	來者當受	合食與食	合酒與酒	閉門不看	還同豬狗
汪泛舟	來者當受	合食與食	合酒與酒	閉門不看	不如豬狗
黑田彰	來者當受	合食與食	合酒與酒	閉門不看	還同豬狗
撰人考定	來者當受	合食與食	合酒與酒	閉門不看	還同豬狗

〔第十一段〕（240～267）

【校勘】

1. 周鳳五氏：參考底本鳴沙石室佚書影寫本、伯2564、（另伯2825、伯2937、
   伯2981並無此24字）。

2. 黑田彰氏：參考斯 5773、伯 3430、底本伯 3764、伯 3599。

3. 撰人考定：參考羅振玉氏舊藏本、斯 1291、斯 3835、斯 5773、斯 6173、
伯 2564、伯 2738、伯 2825、伯 2937、伯 2981、伯 3104、伯
3430、伯 3599、伯 3623、伯 3764、伯 3894、伯 4995、羅振玉
藏本之一 Дx03858、Дx12696。

【押韻】

婦（上聲 25 有）、主（上聲 7 麌）、苦（上聲 7 麌）、句（去聲 7 遇）、母（上
聲 7 麌）、狗（上聲 25 有）、口（上聲 25 有）、勝（去聲 25 徑）、父（上聲 7
麌）、友（上聲 25 有）、侶（上聲 6 語）、受（上聲 25 有）、酒（上聲 25 有）
為韻，（有、麌、遇、徑）

【注解】

〔1〕聘為人婦：斯 1291、伯 2981 作「為人作婦」；羅本、斯 6173、伯 2564、
伯 2738、伯 2937、伯 3599、伯 3764、伯 3894 作「聘為人婦」。聯芳
案：古婚嫁先以禮物交換，行正式媒聘之禮。也作「娉」，《左傳・成公
十一年》：「聲伯之母不聘。」《史記・陳丞相世家》：「乃假貸幣以聘，
予酒肉之資以內婦。」〔註51〕此取「聘為人婦」較合理。

〔2〕說辛道苦：喻不聽命於舅姑吩咐。《禮記・內則》：「子婦孝者敬者，父
母、舅姑之命勿逆勿怠。」〔註52〕

〔3〕反應十句：伯 3599 缺 3 字；參考斯 1291、斯 6173、伯 2564、伯 3764、
伯 3894 補入。聯芳案：此句補入合宜。

〔4〕狀同豬狗：斯 6173、伯 2937 作「還」；斯 1291 的、伯 2981 作「判」；
羅本、斯 3835、伯 2564、伯 2738、伯 3599、伯 3764、伯 3894 作「狀」。
聯芳案：承上文意，作「狀」較為合宜。

〔5〕含血噀人：斯 6173 作「孫」；羅本、伯 2738、伯 3599 作「損」；伯 2564、
伯 3764、伯 3894 作「噀」。聯芳案：疑是「孫」「噀」音誤，噀，噴也。
比喻用污言穢語誣衊中傷別人，而自己也自然被污染，承文意，取「噀」
為宜。

〔註51〕〔漢〕司馬遷撰：《史記》；北京，中華書局，1982 年第 2 版，頁 2051～2064。
〔註52〕王文錦譯解：《禮記譯解》；北京，中華書局，2016 年第 8 版，頁 382～383。

〔第十二段〕（268～293）

句　數 太公家教	268	269	270	271	272
鳴沙石室	拔貧作富	事須方寸	看客不貧	古今實語	握髮吐湌
P2564	拔貧作富	事須方寸	看客不貧	古今實語	掘*髮吐湌
P3764	拔貧作富	事須方寸	看客不貧	古今實語	掘*髮吐湌
周鳳五	拔貧作富	事須方寸	看客不貧	古今實語	握髮吐餐
汪泛舟	拔貧作富	事須方寸	看客不貧	古今實語	握髮吐餐
黑田彰	拔貧作富	事須方寸	看客不貧	古今實語	握髮吐飱
撰人考定	拔貧作富〔1〕	事須方寸	看客不貧〔2〕	古今實語	握髮吐湌〔3〕

句　數 太公家教	273	274	275	276	277
鳴沙石室	先有常據	閉門不看	不如狗鼠	高山之樹	苦於風雨
P2564	先有嘗據*	閉門不看	不如豬鼠	高山之樹	苦於風雨
P3764	先有嘗據*	閉門不看	不如豬鼠	高山之樹	苦於風雨
周鳳五	先有常據	閉門不看	不如狗鼠	高山之樹	苦於風雨
汪泛舟	先有常據	閉門不看	亦同猪狗	高山之樹	苦於風雨
黑田彰	先有常據	閉門不看	不如猪鼠	高山之樹	苦於風雨
撰人考定	先有嘗據〔4〕	閉門不看	不如豬鼠〔5〕	高山之樹	苦於風雨〔6〕

句　數 太公家教	278	279	280	281	282
鳴沙石室	路邊之樹	苦於刀斧	當道作舍	苦於客侶〔5〕	不慎之家
P2564	路傍之樹	苦於刀斧	當道作舍	苦於客侶	不慎之家
P3764	路傍之樹	苦於刀斧	當道作舍	苦於客侶	不慎之家
周鳳五	路邊之樹	苦於刀斧	當道作舍	苦於客侶	不慎之家
汪泛舟	路旁之樹	苦於刀斧	當道作舍	苦於客侶	不慎之家
黑田彰	路傍之樹	苦於刀斧	當道作舍	苦於客侶	不慎之家
撰人考定	路傍之樹〔7〕	苦於刀斧	當道作舍〔8〕	苦於客侶〔9〕	不慎之家

句　數 太公家教	283	284	285	286	287
鳴沙石室	苦於官府	牛羊不圈	苦於狼虎	禾熟不收	苦於雀鼠
P2564	苦於官府	牛羊不圈	苦於狼虎	禾熟不收	苦於雀鼠
P3764	苦於官府	牛羊不圈	苦於狼虎	禾熟不收	苦於雀鼠
周鳳五	苦於官府	牛羊不圈	苦於狼虎	禾熟不收	苦於雀鼠
汪泛舟	苦於官府	牛羊不圈	苦於狼虎	禾熟不收	苦於雀鼠
黑田彰	苦於官府	牛羊不圈	苦於狼虎	禾熟不收	苦於雀鼠
撰人考定	苦於官府	牛羊不圈〔10〕	苦於狼虎	禾熟不收	苦於雀鼠

句　數 太公家教	288	289	290	291	292
鳴沙石室	屋漏不覆	苦於樑柱	兵將不慎	敗於軍旅	人生不學
P2564	屋漏不覆	壞其樑住	兵將不慎	敗於軍旅*	人生不學
P3764	屋漏不覆	壞其樑住	兵將不慎	敗於軍旅*	人生不學
周鳳五	屋漏不覆	壞於梁柱	兵將不慎	敗於軍旅*	人生不學
汪泛舟	屋漏不覆	壞于梁柱	兵將不慎	敗于軍旅*	人生不學
黑田彰	屋漏不覆	壞其梁柱	兵將不慎	敗於軍旅*	人生不學
撰人考定	屋漏不覆	壞其樑住〔11〕	兵將不慎	敗於軍旅*〔12〕	人生不學

句　數 太公家教	293				
鳴沙石室	費其言語				
P2564	費其言語				
P3764	費其言語				
周鳳五	費於言語				
汪泛舟	費其言語				
黑田彰	費其言語				
撰人考定	費其言語〔13〕				

〔第十二段〕（268～293）

【校勘】

1. 周鳳五氏：參考底本鳴沙石室佚書影寫本。

2. 黑田彰氏：參考斯 6173、伯 3599、底本伯 3764、伯 3894。

3. 撰人考定：參考羅振玉氏舊藏本、斯 1291、斯 3835、斯 5773、斯 6173、伯 2564、伯 2738、伯 2825、伯 2937、伯 2981、伯 3104、伯 3430、伯 3599、伯 3623、伯 3764、伯 3894、伯 4995、羅振玉氏藏本之一 Дx03858。

【押韻】

寸（去聲 14 願）、語（上聲 6 語）、據（去聲 6 御）、鼠（上聲 6 語）、雨（上聲 7 麌）、斧（上聲 7 麌）、旅（上聲 6 語）、府（上聲 7 麌）、虎（上聲 7 麌）、柱（上聲 7 麌）為韻，（願、語、御、麌）。

【注解】

〔1〕拔貧作富：即去貧變富，拔貧為唐人流行習語，意去貧。唐水部郎中林慎思《伸蒙子・治難》：巧婦之手，不能飾醜為容，壯夫之力，不能拔貧為富。聯芳案：巧婦難為無米之炊，就算是聰明能幹的婦女，沒米也煮不出飯來，更何況若不努力，又如何能去貧變富。

〔2〕看客不貧：看，探望、問候，喻看待客人不分貧富。百行章：「接客無貴賤，至者當看。」聯芳案：看客不貧即一視同仁乎？

〔3〕握髮吐湌：南朝宋・何承天《鼓吹鐃歌・思悲公篇》：「萬國康，猶弗已。握髮吐餐下群士。」比喻求賢若渴。

〔4〕先有嘗據：伯 3599 缺；伯 2564、伯 3764 作「先有嘗據」；斯 6173、伯 2738、伯 3894 作「先有常據」；斯 3835、伯 3623 作「先有常處」。聯芳案：「常」與「嘗」通；又「處」或是「據」之誤。取「先有嘗據」。

〔5〕不如豬鼠：伯 3599 作「還同豬狗」；伯 3894、伯 3623 作「不如豬豕」；伯 3104 作「不如豬狗」；斯 6173 作「亦同豬狗」；羅本、斯 3835、伯 2564、伯 2738、伯 3764 作「不如豬鼠」。聯芳案：承上下文意並和韻，取「不如豬鼠」。

〔6〕苦於風雨：比喻被風雨摧折所怨恨。苦，怨恨。

〔7〕路傍之樹：斯 3835、伯 3599、伯 3622、伯 3764 作「傍」；羅本、斯
1291、斯 6171、伯 2564、伯 2738、伯 2937、伯 3104、伯 3894 作「邊」。
聯芳案：旁邊，傍與旁通。取「傍」為宜。

〔8〕當道作舍：伯 2937 作「當道之家」；斯 1291 作「當途之家」；羅本、斯
3835、斯 6173、伯 2564、伯 2738、伯 3104、伯 3599、伯 3623、伯 3764、
伯 3894 作「當道作舍」。聯芳案：當道作舍，苦於客侶：《詩經・小雅・
小旻》：「如彼築室於道謀，是用不潰於成。」在當路造屋時，因為聽取
客旅不同意見，以致屋舍難成而生怨恨。承上下文意，取「當道作舍」
為宜。

〔9〕苦於客侶：斯 3835 作「施」；伯 3104、伯 3623、伯 3894 作「旅」；伯
3599、伯 2738 作「呂」；羅本、斯 1291、斯 6173、伯 2564、伯 2937、
伯 3764 作「侶」。聯芳案：以文義應是「侶」為宜，而「呂」「侶」同
音，「施」「旅」形誤，故此採「侶」較宜。

〔10〕牛羊不圈：伯 2937 作「收」；斯 1291 作「牧」；羅本、斯 3835、斯 6173、
伯 2564、伯 2738、伯 3104、伯 3599、伯 3764、伯 3894 作「圈」。聯芳
案：以承上下文意，應是「圈」為宜。

〔11〕壞其梁柱：羅本、伯 2738 作「苦於」；斯 3835、伯 2564、伯 2825、
伯 2937、伯 3623 作「壞於」；斯 1291、斯 6173 的、伯 3430、伯 3599、
伯 3764、伯 3894 作「壞其」。聯芳案：以承上下文意，應是「壞其」
為宜。

〔12〕敗於軍旅：斯 1291、伯 2937、伯 3894 作「其」；羅本、斯 3835、斯
6173、伯 2564、伯 2738、伯 3430、伯 3599、伯 3623、伯 3764 作「於」。
聯芳案：以承上下文意，取「於」為宜。

〔13〕費其言語：謂說話語言繁瑣多餘。《禮記・表記》：「其君子尊仁畏義，
耻費輕實。」鄭玄注，耻費即「不為辭費出空言也」。

〔第十三段〕（294～313）

句　數　太公家教	294	295	296	297	297a
鳴沙石室	近禾者赤	近墨者黑	蓬生麻中	不扶自直	

P2564	近珠者赤	近墨者黑	蓬生麻中	不扶自直	
P3764	近珠者赤	近墨者黑	蓬生麻中	不扶自直	
周鳳五	近朱者赤	近墨者黑	蓬生麻中	不扶自直	白玉投泥
汪泛舟	近朱則赤	近墨則黑	蓬生麻中	不扶自直	白玉投泥
黑田彰	近朱者赤	近墨者黑	蓬生麻中	不扶自直	
撰人考定	近朱者赤〔1〕	近墨者黑	蓬生麻中〔2〕	不扶自直	白玉投泥〔3〕

句　數 太公家教	297b	298	299	300	301
鳴沙石室		近佞者諂	近偷者賊	近愚者癡③	近聖者明
P2564		近佞者諂	近偷者賊	近愚則癡	近聖者明
P3764		近佞者諂	近偷者賊	近愚則癡	近聖者明
周鳳五	不污其色	近佞者諂	近偷者賊	近愚者癡	近賢者德
汪泛舟	不污其色	近佞則諂	近偷則賊	近愚則痴	近賢則德
黑田彰		近佞者諂	近偷者賊	近愚者癡	近賢則德
撰人考定	不污其色	近佞者諂	近偷者賊	近愚則癡〔4〕	近聖則明

句　數 太公家教	302	303	304	305	306
鳴沙石室	近賢者德	近淫者色	貧人多力		勤耕之人
P2564	近賢者德	近婬*者色	貧人多賴	富人多力	勤耕之人
P3764	近賢者德	近婬*者色	貧人多賴	富人多力	勤耕之人
周鳳五	近聖者明	近淫者色	貧人由懶	富人多力	勤耕之人
汪泛舟	近聖則明	近淫則色	貧人由懶	富人懇力	勤耕之人
黑田彰	近聖則明	近婬者色	貧人多嬾	富人多力	勤耕之人
撰人考定	近賢則德	近淫則色	貧人多懶〔5〕	富人多力	勤耕之人

句　數 太公家教	307	308	309	310	311
鳴沙石室	必豐穀食	勤學之人	必居官職	良田不耕	損人功力

P2564	必豐穀食	勤學之人	必居官職	良田不耕	損人功力
P3764	必豐穀食	勤學之人	必居官職	良田不耕	損人功力
周鳳五	必豐穀食	勤學之人	必居官職	良田不耕	損人功力
汪泛舟	必豐谷食	勤學之人	必居官職	良田不耕	損人功力
黑田彰	必豐穀食	勤學之人	必居官職	良田不耕	損人功力
撰人考定	必豐穀食〔6〕	勤學之人〔7〕	必居官職	良田不耕	損人功力〔8〕

句　數	312	313			
太公家教					
鳴沙石室	養子不教	費人衣食			
P2564	養子不教	費人衣食			
P3764	養子不教	費人衣食			
周鳳五	養子不教	費人衣食			
汪泛舟	養子不教	費人衣食			
黑田彰	養子不教	費人衣食			
撰人考定	養子不教	費人衣食			

〔第十三段〕（294～313）

【校勘】

1. 周鳳五氏：參考底本鳴沙石室佚書影寫本。

2. 黑田彰氏：參考伯3104、伯3430、伯3599、底本伯3764。

3. 撰人考定：參考羅振玉氏舊藏本、斯1291、斯3835、斯6173、伯2564、伯2738、伯2825、伯2937、伯2981、伯3104、伯3430、伯3599、伯3623、伯3764、伯3894、伯4995、羅振玉氏藏本之一Дx03858。

【押韻】

黑（入聲13職）、直（入聲13職）、賊（入聲13職）、德（入聲13職）、色（入聲13職）、力（入聲13職）、食（入聲13職）、職（入聲13職）為韻，（職）。

【注解】

〔1〕近朱者赤，近墨者黑：語出晉‧傅玄〈太子少傅箴〉：「近朱者赤，近墨者黑。」比喻人的習性因環境影響而改變。

〔2〕蓬生麻中，不扶自直：蓬，草名。即蓬蒿。《禮記‧月令》孟春之月：藜莠蓬蒿並興。

〔3〕白玉投泥，不惡其色：伯3599、伯3764缺；斯1291、斯3835、伯2564、伯2937、伯2981、伯3104、伯3623補入；斯3835、伯2564、伯3104、伯3623「惡」作「污」。聯芳案：色為入十三職，和韻，此處將予補入。

〔4〕近愚則痴，近賢則德：原卷為「近愚則痴，近聖則明；近賢則德，近淫則色」，為協韻，故將「近賢則德」移至「近聖則明」前。

〔5〕貧人多懶：伯3599、伯3764作「多賴」；斯3835、伯2564、伯2937、伯2981、伯3623作「由嬾」。聯芳案：賴是嬾借字，懶和嬾同，此處取「多懶」為宜。

〔6〕必豐穀食：即穀食必豐之意，亦為協韻的倒句，見於《新集文詞九經抄》。

〔7〕勤學之人，必居官職：《國策‧秦策一》典，「蘇秦讀書欲睡，引錐自刺其股，後居官，為趙相，倡合縱，顯赫一時。」故勤學之人，必居官職亦見於《新集文詞九經抄》。

〔8〕損人功力：此作損害人的墾殖工夫和氣力。

〔第十四段〕（314～337）

句　數 太公家教	314	315	316	317	318
鳴沙石室	與人共食	慎莫先嘗	與人同飲	莫先杞觴	行不當路
P2564	養子不教	費人衣食	與人同飲	養子不教	費人衣食
P3764	與人共食	慎莫先嘗	與人同飲	莫先把觴*	行不當路
周鳳五	與人共食	慎莫先嘗	與人同飲	莫先舉觴	行不當路
汪泛舟	與人共食	慎莫先嘗	與人同飲	莫先舉觴	行不當路
黑田彰	與人共食	慎莫先嘗	與人同飲	莫先把觴	行不當路
撰人考定	與人共食	慎莫先嘗	與人同飲	莫先把觴*	行不當路〔1〕

句　數太公家教	319	320	321	322	323
鳴沙石室	坐不當輩〔1〕	當路逢尊者	側立其傍	有問善對	必須審詳〔2〕
P2564	坐不背堂	路逢尊者	側立道旁	有問善對	必須審詳
P3764	坐不背堂	路逢尊者	側立道旁	有問善對	必須審詳
周鳳五	坐不背堂	路逢尊者	側立道旁	有問善對	必須審詳
汪泛舟	坐不背堂	路逢尊者	側立道旁	有問善對	必須審詳
黑田彰	坐不背堂	路逢尊者	側立道傍	有問善對	必須審詳
撰人考定	坐不背堂	路逢尊者〔2〕	側立道傍	有問善對	必須審詳

句　數太公家教	324	325	326	327	328
鳴沙石室	子從外來	先須省堂〔3〕	未見尊者	莫入私房	若得飲食
P2564	子從外來	先須就堂	未見尊者	莫入私房	若得飲食
P3764	子從外來	先須就堂	未見尊者	莫入私房	若得飲食
周鳳五	子從外來	先須就堂	未見尊者	莫入私房	若得飲食
汪泛舟	子從外來	先須省堂	未見尊者	莫入私房	若得飲食
黑田彰	子從外來	先須就堂	未見尊者	莫入私房	若得飲食
撰人考定	子從外來〔3〕	先須就堂	未見尊者	莫入私房	若得飲食

句　數太公家教	329	330	331	332	333
鳴沙石室	慎莫先嘗	饗其祖宗	始到耶娘	次霑兄弟	後及兒郎
P2564	慎莫先嘗	饗其宗祖	始到耶孃*	次霑兄弟	後及兒郎
P3764	慎莫先嘗	饗其宗祖	始到耶孃*	次霑兄弟	後及兒郎
周鳳五	慎莫先嘗	饗其宗祖	始到爺娘	次霑兄弟	後及兒郎
汪泛舟	慎莫先嘗	饗其宗祖	始到爺娘	次霑兄弟	後及兒郎
黑田彰	慎莫先嘗	饗其宗祖	始到耶孃	次霑兄弟	後及兒郎
撰人考定	慎莫先嘗	饗其宗祖〔4〕	始到爺娘*	次霑兄弟	後及兒郎

句　　數 太公家教	334	335	336	337	
鳴沙石室	食必先讓	勞必先當	知過必改	得能莫忘	
P2564	食必先讓	勞必自當	知過必改	德能莫忘	
P3764	食必先讓	勞必自當	知過必改	德能莫忘	
周鳳五	食必先讓	勞必自當	知過必改	得能莫忘	
汪泛舟	食必先讓	勞必自當	知過必改	得能莫忘	
黑田彰	食必先讓	勞必自當	知過必改	得能莫忘	
撰人考定	食必先讓	勞必先當	知過必改〔5〕	得能莫忘	

〔第十四段〕（314～337）

【校勘】

1. 周鳳五氏：參考底本鳴沙石室佚書影寫本。

2. 黑田彰氏：參考伯 3599、底本伯 3764。

3. 撰人考定：參考羅振玉氏舊藏本、斯 3835、斯 6173、伯 2564、伯 2738、
伯 2825、伯 2937、伯 2981、伯 3104、伯 3430、伯 3599、伯
3623、伯 3764、伯 3894、伯 4995。

【押韻】

嘗（下平7陽）、觴（下平7陽）、堂（下平7陽）、傍（下平7陽）、詳（下平
7陽）、房（下平7陽）、孃（通娘，下平7陽）、郎（下平7陽）、當（下平7
陽）、忘（下平7陽）為韻，（陽）。

【注解】

〔1〕行不當路，坐不背堂：伯 2981 作「行勿中道，坐勿中堂」；羅本、斯
3835、斯 6173、伯 2564、伯 2738、伯 2825、伯 3104、伯 3599、伯
3623、伯 3764、伯 3894 作「行不當路，坐不背堂」。聯芳案：背之初
文是北，背的古字形表兩人相背。背對著，與「向」相反。《周禮・秋
官・司儀》：「不正其主面，亦不背客。」〔註53〕此以「行不當路，坐
不背堂」為宜。

〔註53〕王力主編：《王力古漢語字典》；北京，中華書局，2000 年 6 月，（2012 年 2 月
重印），頁 993。

〔2〕路逢尊者，側立道傍；有問善對，必須審詳：伯 2981 作「行逢」；伯
3430 作「道逢」；伯 3599、伯 3894 作「逢路」；斯 3835、斯 6173、伯
2564、伯 2738、伯 3623、伯 3764 作「路逢」。另伯 3599 作「旁」；斯
3835、斯 6173、伯 2564、伯 2738、伯 2937、伯 2981、伯 3430、伯 3623、
伯 3764 作「傍」。聯芳案：對長者經過，晚輩必須站立一旁，以示對長
者尊敬；與長者若有任何對答，必須審慎周詳。《禮記・曲禮》：「見父
之執，不謂之進不敢進，不謂之退不敢退，不問不敢對，此孝子之行也。」
〔註54〕故宜取「路逢」、「道傍」為佳。

〔3〕子從外來，先須就堂：伯 2937、伯 2981 作「必須」；斯 3835、斯 6173、
伯 2564、伯 2738、伯 3430、伯 3599、伯 3623、伯 3764、伯 3894 作
「先須」。《禮記・曲禮》：「夫為人子者，出必告，反必面。」〔註55〕聯
芳案：依文意，取「先須」為宜。

〔4〕饗其宗祖：斯 6173、伯 3599 作「享」；伯 2937、伯 3623 作「向」；斯
3835、伯 2564、伯 2738、伯 2825、伯 3104、伯 3764 作「饗」。另羅本
作「祖宗」；伯 2981 作「翁祖」；伯 2937、伯 3894 作「尊祖」；伯 2825
作「曾祖」；斯 3835、斯 6173、伯 2564、伯 2738、伯 3104、伯 3599、
伯 3623、伯 3764 作「宗祖」。《說文》：饗，鄉人飲酒也。此指設酒食
祭祀。《禮記・月令》：「大饗帝。」〔註56〕聯芳案：承上下文意，取「饗
其宗祖」為宜。

〔5〕知過必改，得能莫忘：斯 6173、伯 3764 作「德」；羅本、斯 3835、伯
2564、伯 2738、伯 2825、伯 2937、伯 3104、伯 3430、伯 3599、伯 3623、
伯 3894 作「得」。過者，過失、錯誤。《左傳・宣公二年》：「人誰無過？
過而能改，善莫大焉。」〔註57〕聯芳案：取「得能」可意解，學得某些
技能，切莫忘記師者之教，做人要飲水思源。

〔註54〕王文錦譯解：《禮記譯解》；北京，中華書局，2016 年第 8 版，頁 6～7。
〔註55〕王文錦譯解：《禮記譯解》；北京，中華書局，2016 年第 8 版，頁 6～7。
〔註56〕王力主編：《王力古漢語字典》；北京，中華書局，2000 年 6 月，（2012 年 2 月
重印），頁 1673。
〔註57〕王力主編：《王力古漢語字典》；北京，中華書局，2000 年 6 月，（2012 年 2 月
重印），頁 1446～1447。

〔第十五段〕（338～357）

句 數 太公家教	338	339	340	341	342
鳴沙石室	與人相識	先政容儀	稱名道字	然後相知	陪年已長〔2〕
P2564	與人相識	先政容儀	稱名道字	然後相之	倍年已長
P3764	與人相識	先政容儀	稱名道字	然後相之	倍年已長
周鳳五	與人相識	先正容儀	稱名道字	然後相知	倍年已長
汪泛舟	與人相識	先整容儀	稱名道姓	然後相知	倍年已長
黑田彰	與人相識	先整容儀	稱名道字	然後相知	倍年已長
撰人考定	與人相識	先政容儀〔1〕	稱名道字	然後相知	倍年已長

句 數 太公家教	343	344	345	346	347
鳴沙石室	則父事之	十年已上	則兄事之	五年已外 〔註58〕	則肩隨之〔3〕
P2564	則父事之	十年已上	則兄事之	五年與外	則肩隨之
P3764	則父事之	十年已上	則兄事之	五年與外	則肩隨之
周鳳五	則父事之	十年已長	則兄事之	五年已長	則肩隨之
汪泛舟	則父事之	十年已上	則兄事之	五年已上	則肩隨之
黑田彰	則父事之	十年已上	則兄事之	五年已外	則肩隨之
撰人考定	則父事之	十年已長〔2〕	則兄事之	五年已長	則肩隨之

句 數 太公家教	347a	347b			
鳴沙石室					
P2564					
P3764					
周鳳五					
汪泛舟	群聚五人	長者必跪			

〔註58〕從羅振玉氏舊藏本乙卷〔343～386〕得：（1）居五人長者必跪。

黑田彰					
撰人考定					

句　數　太公家教	348	349	350	351	352
鳴沙石室	三人同行	必有我師焉	擇其善者而從之	其不善者而蓋*之	滯不釋職
P2564	三人同行	必有我師焉	擇其善者如從之	其不善者如改之	滯不擇職
P3764	三人同行	必有我師焉	擇其善者如從之	其不善者如改之	滯不擇職
周鳳五	三人同行	必有我師焉	擇其善者而從之	其不善者而改之	滯不擇職
汪泛舟	三人同行	必有我師焉	擇其善者而從之	其不善者而改之	滯不擇職
黑田彰	三人同行	必有我師	擇其善者而從之〔3〕	其不善者而改之	滯不擇職
撰人考定	三人同行〔3〕	必有我師焉	擇其善者而從之	其不善者而改之	滯不擇職〔4〕

句　數　太公家教	353	354	355	356	357
鳴沙石室	貧不擇妻	飢不擇食	寒不擇衣	小人為財相煞	君子以得相知
P2564	貧不擇妻	飢不擇食	寒不擇於衣	小人為財相▉	君子與得義相之
P3764	貧不擇妻	飢不擇食	寒不擇於衣	小人為財相▉	君子與得義相之
周鳳五	貧不擇妻	飢不擇食	寒不擇衣	小人為財相殺	君子以德義相知
汪泛舟	貧不擇妻	飢不擇食	寒不擇衣	小人為財相殺	君子以德相知
黑田彰	貧不擇妻	飢不擇食	寒不擇衣	小人為財相殺	君子以德義相知
撰人考定	貧不擇妻	飢不擇食〔5〕	寒不擇衣	小人為財相殺〔6〕	君子以德義相知

第十五段（338～357）

【校勘】

1. 周鳳五氏：參考底本鳴沙石室佚書影寫本、伯2564。
2. 黑田彰氏：參考羅振玉氏舊藏本、斯6173、伯3104、伯3430、伯3599、底本伯3764。
3. 撰人考定：參考羅振玉氏舊藏本、羅振玉氏舊藏本乙卷、斯1163、斯3835、斯6173、伯2564、伯2738、伯2825、伯2937、伯2981、伯3104、伯3430、伯3569、伯3599、伯3623、伯3764、伯3894、伯4995、貞松堂藏西陲秘籍。

【押韻】

儀（上平4支）、知（上平4支）、之（上平4支）、師（上平4支）、妻（上平8齊）、衣（上平5微）為韻，（支、齊、微）。

【注解】

〔1〕先政容儀，稱名道字：伯3599作「自」；伯3623、伯2981作「性」；斯3835、伯3104作「姓」；伯2564、伯2738、伯2825、伯2937、伯3430、伯3894作「字」。容貌指儀容。《孟子‧萬章上》：「舜見瞽瞍，其容有蹙。」〔註59〕聯芳案：依文意，應以「字」為宜，又「字」與「自」或是音誤。

〔2〕陪年已長，則父事之：伯3430作「上」；羅本、斯3835、伯2564、伯2825、伯2981、伯3599、伯3623、伯3764、伯3894作「長」。陪通倍，《禮記‧曲禮》：「年長以倍，則父事之，十年以長，則兄事之。五年以長，則肩隨之。」〔註60〕聯芳案：此以「陪年已長」為宜。

〔3〕三人同行……而改之：斯3835、伯3764作「如」；羅本、斯6173、伯2564、伯2738、伯2981、伯3104、伯3430、伯3599、伯3623、伯3894作「而」。《論語‧述而》：「三人行，必有我師焉，擇其善者而從之，其不善者而改之。」《中庸》亦言：「舜善與人同，樂取於人以為善。」聯芳案：此取「而」。以孔子之學，教導以人道為重，道必通古今而成，惟學在己，能善學，才能自得師。

〔註59〕王力主編：《王力古漢語字典》；北京，中華書局，2000年6月，（2012年2月重印），頁222～223。

〔註60〕王文錦譯解：《禮記譯解》；北京，中華書局，2016年第8版，頁8。

〔4〕滯不擇職：滯，不流通。《周禮地官泉府》：「掌以市之征布，斂市之不賣、貨之滯於民用者，以其賈買之。」〔註61〕此指人才不得重用。

〔5〕飢不擇食：飢，吃不飽。通饑，災荒。《孟子·公孫丑上》：「飢者易為食，渴者易為飲。」〔註62〕聯芳案：分辨飢、餓、饑、饉乃程度不同，飢是吃不飽，餓是嚴重的飢，饑是災荒，饉則比饑更為嚴重。

〔6〕小人為財相殺，君子以德義相知：伯3430作「以道義」；伯3599作「為德儀」；伯2738、伯3894作「以得義」；斯3835、伯3764作「為得義」；伯2564、伯2981、伯3104、伯3623作「以德義」。《論語·里仁》：「君子喻於義，小人喻於利。」「……君子無終食之間違仁，造次必於是，顛沛必於是。」〔註63〕聯芳案：依上下文意，「得」實應為「德」，故取「以德義」為宜。

〔第十六段〕（358～393）

句　數 太公家教	358	359	360	361	362
鳴沙石室	欲求其長	必取其短	欲求其圓	先取其方	欲求其強
P2564	欲求其矩	先取其長	欲求其圓	先取其方	欲求其強
P3764	欲求其矩	先取其長	欲求其圓	先取其方	欲求其強
周鳳五	欲求其短	先取其長	欲求其圓	先取其方	欲求其弱
汪泛舟	欲求其短	先取其長	欲求其圓	先取其方	欲求其弱
黑田彰	欲求其短	先取其長	欲求其円	先取其方	欲求其弱
撰人考定	欲求其長〔1〕	必取其短〔註64〕	欲求其圓	先取其方	欲求其強〔2〕

〔註61〕王力主編：《王力古漢語字典》；北京，中華書局，2000年6月，（2012年2月重印），頁624～625。

〔註62〕王力主編：《王力古漢語字典》；北京，中華書局，2000年6月，（2012年2月重印），頁1660。

〔註63〕錢穆著：《論語新解》；臺北市：東大圖書股份有限公司，第三版二刷，2015年5月，頁93～106。

〔註64〕從羅振玉氏舊藏本乙卷〔343～386〕得：欲求其短，先取其長。

句　數　太公家教	363	364	365	366	367
鳴沙石室	先取其弱	欲求其剄	先取其柔	欲防外敵	先須自防
P2564	先取其弱	欲求其剄	先取其柔	欲防外敵	先須自防
P3764	先取其弱	欲求其剄	先取其柔	欲防外敵	先須自防
周鳳五	先取其強	欲求其柔	先取其剛	欲防外敵	先須內防
汪泛舟	先取其強	欲求其柔	先取其剛	欲防外敵	先須內防
黑田彰	先取其強	欲求其剛	先取其柔	欲防外敵	先須內防
撰人考定	先取其弱	欲求其剛	先取其柔	欲防外敵	先須自防

句　數　太公家教	368	369	370	371	372
鳴沙石室			欲楊人惡〔3〕	便是自楊	傷人之語
P2564	----	----	欲楊人惡	先須自楊	傷人之語
P3764	----	----	欲楊人惡	先須自楊	傷人之語
周鳳五	欲量他人	先須自量	揚人之惡	還是自揚	傷人之語
汪泛舟			欲揚人惡	便是自揚	傷人之語
黑田彰	欲量他人	先須自量	欲揚人惡	便是自揚	傷人之語
撰人考定	欲量他人	先須自量	欲揚人惡〔3〕	先須自揚	傷人之語

句　數　太公家教	373	374	375	376	377
鳴沙石室	還是自傷	凡人不可皃相〔4〕	海水不可斗量	茅茨之家	必出公王
P2564	還是自傷	凡人不可貌相	海水不可斗*量	茅茨之家	必出公王
P3764	還是自傷	凡人不可貌相	海水不可斗*量	茅茨之家	必出公王
周鳳五	還是自傷	凡人不可貌相	海水不可斗量	茅茨之下	必出公王
汪泛舟	還是自傷	凡人不可貌相	海水不可斗*量	茅茨之家	必出公王〔註65〕

〔註65〕從羅振玉氏舊藏本甲卷〔366～415〕得為：茅茨之家，或出公王。

黑田彰	還是自傷	凡人不可貌相	海水不可斗量	茅茨之家	必出公王
撰人考定	還是自傷	凡人不可貌相	海水不可斗*量	茅茨之家〔5〕	必出公王

句　數 太公家教	378	379	380	381	382
鳴沙石室	蒿艾之下	必有蘭芳	助祭得食	助鬥得傷	人慈者受
P2564	蒿艾之下	必有蘭香	助祭得食	助鬥得傷	仁慈者壽
P3764	蒿艾之下	必有蘭香	助祭得食	助鬥得傷	仁慈者壽
周鳳五	蒿艾之下	必有蘭芳	助祭得食	助鬥得傷	仁慈者壽
汪泛舟	蒿艾之下	或有蘭香	助祭得食	助鬥得傷	仁慈則壽
黑田彰	蒿艾之下	或有蘭香	助祭得食	助鬥得傷	仁慈者壽
撰人考定	蒿艾之下〔註66〕〔6〕	必有蘭香	助祭得食	助鬥得傷	仁慈者壽〔註67〕

句　數 太公家教	383	384	385	386	387
鳴沙石室	智暴者亡	清清之事			為酒所傷
P2564	智暴者亡	清清之水	┌─┐	┌─┐	為酒所傷
P3764	智暴者亡	清清之水	┌─┐	┌─┐	為酒所傷
周鳳五	凶暴者亡	清清之水	為土所傷	濟濟之人	為酒所殃
汪泛舟	凶暴則亡	清清之事	為土所傷	濟濟之人	為酒所殃
黑田彰	凶暴者亡	清清之事	為土所傷	濟濟之人	為酒所殃
撰人考定	凶暴者亡	清清之水〔註68〕			為酒所傷

句　數 太公家教	388	389	390	391	392
鳴沙石室	聞人善事	乍可稱楊	知人有過	密奄〔註69〕深藏	是故罔談彼短

〔註66〕從羅振玉氏舊藏本乙卷〔343～386〕得：蘭香。
〔註67〕從羅振玉氏舊藏本甲卷〔366～415〕得為：仁慈者。
〔註68〕從羅振玉氏舊藏本甲卷〔366～415〕得為：濟濟之仕，為酒所。
〔註69〕從羅振玉氏舊藏本甲卷〔366～415〕得為：密掩。

P2564	聞人善事	乍可稱陽	知人有過	密掩深藏	是故罔談彼矩
P3764	聞人善事	乍可稱陽	知人有過	密掩深藏	是故罔談彼矩
周鳳五	聞人善事	乍可稱揚	知人有過	密掩深藏	是故罔談彼短
汪泛舟	聞人善事	乍可稱揚	知人有過	密掩深藏	是故罔談彼短
黑田彰	聞人善事	乍可稱陽	知人有過	密掩深藏	是故罔談彼短
撰人考定	聞人善事	乍可稱陽	知人有過	密掩深藏	是故罔談彼短

句　數	393			
太公家教				
鳴沙石室	靡恃己長			
P2564	靡恃己長			
P3764	靡恃己長			
周鳳五	靡說己長			
汪泛舟	靡恃己長			
黑田彰	靡恃己長			
撰人考定	靡恃己長			

〔第十六段〕（358～393）

【校勘】

1. 周鳳五氏：參考底本鳴沙石室佚書影寫本、斯3835、伯2981。
2. 黑田彰氏：參考羅振玉氏舊藏本甲卷、斯1163、伯2564、伯3430、伯3599、底本伯3764、伯4995。
3. 撰人考定：參考羅振玉氏舊藏本、甲卷、乙卷、斯1163、斯3835、伯2564、伯2738、伯2825、伯2981、伯3104、伯3430、伯3569、伯3599、伯3623、伯3764、伯3797、伯3894、伯4995、大谷本3175、補斯13352、貞松堂藏秘籍。

【押韻】

長（下平7陽）、方（下平7陽）、強（下平7陽）、柔（下平11尤）、防（下平7陽）、量（下平7陽）、揚（下平7陽）、傷（下平7陽）、王（下平7陽）、香（下平7陽）、亡（下平7陽）、殃（下平7陽）、藏（下平7陽）為韻，（陽）。

【注解】

〔1〕欲求其長，必取其短：羅本、伯2738、伯3894作「欲求其短，先取其長」；斯1163、斯3835、斯6173、伯2564、伯2981、伯3104、伯3430、伯3599、伯3623、伯3764作「先取其長，欲求其短」。聯芳案：此句喻做事要有先後次序，按部就班。此句亦見於《新集文詞九經抄》，以「欲求其長，必取其短」為宜。

〔2〕欲求其強……：《論語‧衛靈公》：「躬自厚而薄責於人，則遠怨矣。」聯芳案：所謂柔能克剛，弱能勝強，凡是能進退有度，困難即容易解決。

〔3〕欲揚人惡，先須自揚：羅本作「便是自楊」；斯6173、伯2825作「便是自傷」；伯3430作「還是自揚」；伯2981作「還必自揚」；伯2738作「環是自揚」；伯3894作「還是自傷」；斯3835、伯2564、伯3623作「還是自揚」；斯1163、伯3599、伯3764作「先須自揚」。《論語‧衛靈公》：「君子不以言舉人，不以人廢言。」〔註70〕聯芳案：言人之惡，反若己受之，故言人惡時必先自省。此處疑是「揚」、「楊」、「傷」之誤，取「先須自揚」較合文意。

〔4〕凡人不可皃相……：皃同貌，古今字，指面容，相貌。《論語‧季氏》：「君子有九思。視思明，聽思聰，色思溫，貌思恭，言思忠，事思敬，疑思問，忿思難，見得思義。」〔註71〕聯芳案：切勿以貌取人，人者有九思各專其一，勿使其蒙蔽。

〔5〕茅茨之家，必出公王：斯1163、伯3599作「刺」；羅本、斯6173、伯2564、伯2738、伯2825、伯2981、伯3430、伯3623、伯3764、伯3894作「茨」。
茅、茨皆草名。喻一蘆葦、茅草蓋屋。此指貧窮之家，也有出王公者。這裏所指的王公，疑是唐堯。聯芳案：此段依文意應為「茨」。

〔6〕蒿艾之下，必有蘭香：伯2564、伯2981、伯3623作「或出蘭香」；斯1163作「或出蘭芳」；伯2825、伯3599、伯3894作「必有蘭芳」；斯

〔註70〕錢穆著：《論語新解》；臺北市：東大圖書股份有限公司，第三版二刷，2015年5月，頁442。

〔註71〕錢穆著：《論語新解》；臺北市：東大圖書股份有限公司，第三版二刷，2015年5月，頁470～471。

3835、伯2738、伯3430、伯3764作「必有蘭香」。聯芳案：蒿艾指野草，蘭香則指香草，前賤後貴，故比喻平賤中亦有超脫者，故「必有蘭香」較宜。

〔第十七段〕（394～417）

句數\太公家教	394	395	396	397	398
鳴沙石室	鷹鷂雖迅	不能快於風雨	日月雖明	不照盆覆之下	唐虞雖聖②
P2564	鷹鷂雖迅	不能快於風雨	日月雖明	不照覆盆之下	唐虞雖聖
P3764	鷹鷂雖迅	不能快於風雨	日月雖明	不照覆盆之下	唐虞雖聖
周鳳五	鷹鷂雖迅	不能快於風雨	日月雖明	不照盆覆之下	唐虞雖聖
汪泛舟	鷹鷂雖迅	不能快於風雨	日月雖明	不照盆覆之下	唐虞雖聖
黑田彰	鷹鷂雖迅	不能快於風雨	日月雖明	不照盆覆之下	唐虞雖聖
撰人考定	鷹鷂雖迅〔1〕	不能快於風雨	日月雖明〔2〕	不照覆盆之下	唐虞雖聖

句數\太公家教	399	400	401	402	403
鳴沙石室	不能化（1）其明主	微子雖賢	不能諫其暗君	比干雖惠	不能自免其身
P2564	-------	----	不能諫其暗君	比干雖惠	不能自免其身
P3764	-------	----	不能諫其暗君	比干雖惠	不能自免其身
周鳳五	不能化其明主	微子雖賢	不能諫其闇君	比干雖惠	不能自免其身
汪泛舟	不能化其父母	微子雖賢	不能諫其暗君	比干雖惠	不能自免其身
黑田彰	不能化其明主	微子雖賢	不能諫其暗君	比干雖惠	不能自免其身
撰人考定	不能化其明主	微子雖賢	不能諫其暗君	比干雖惠	不能自免其身

句數\太公家教	404	405	406	407	408
鳴沙石室	蛟龍雖聖	不煞岸上之人	刀劍雖利	不能煞清潔之士	羅網雖細④
P2564	蛟龍雖聖	不能煞岸上之人	刀劍雖利	不能煞清潔之人	羅網雖細

P3764	蛟龍雖聖	不能煞岸上之人	刀劍雖利	不能煞清潔之人	羅網雖細
周鳳五	蛟龍雖聖	不能殺岸上之人	刀劍雖利	不能殺清潔之士	羅網雖細
汪泛舟	蛟龍雖聖	不能殺岸上之人	刀劍雖利	不能殺清潔之人	羅網雖細
黑田彰	蛟竜雖聖	不能殺岸上之人	刀劍雖利	不能殺清潔之人	羅網雖細
撰人考定	蛟龍雖聖〔3〕	不能殺岸上之人	刀劍雖利	不斬無罪之人〔4〕	羅網雖細〔5〕

句　數 太公家教	409	410	411	412	413
鳴沙石室	不能執無事之人	非災橫禍	不入慎（2）之門	人無遠慮	必有近憂
P2564	不能執無事之人	非災橫火	不入慎家之門	人無遠慮	必有近憂
P3764	不能執無事之人	非災橫火	不入慎家之門	人無遠慮	必有近憂
周鳳五	不能執無事之人	非災橫禍	不入慎家之門	人無遠慮	必有近憂
汪泛舟	不執無事之人	非災橫禍	不入慎家之門	人無遠慮	必有近憂
黑田彰	不能執無事之人	非災橫禍	不入慎家之門	人無遠慮	必有近憂
撰人考定	不能執無事之人	非災橫禍	不入慎家之門	人無遠慮〔6〕	必有近憂

句　數 太公家教	414	415	416	417	
鳴沙石室	斜徑懷於良	讒言敗於善人	君子合紅為大	海水博納如川	
P2564	斜徑敗於良田	讒言敗於善人	君子與含弘為大	海水以與博納為深	
P3764	斜徑敗於良田	讒言敗於善人	君子與含弘為大	海水以與博納為深	

周鳳五	斜徑敗於良田	讒言敗於善人	君子以含弘為大	海水以博納為深	
汪泛舟	斜徑壞于良田	讒言敗于善人	君子含弘為大	海水博納為深	
黑田彰	斜徑敗於良田	讒言敗於善人	君子以含弘為大	海水以以博納為深	
撰人考定	斜徑敗於良田〔7〕	讒言敗於善人	君子以含弘為大〔8〕	海水以博納為深	

〔第十七段〕（394～417）

【校勘】

1. 周鳳五氏：參考底本鳴沙石室佚書影寫本。
2. 黑田彰氏：參考羅振玉氏舊藏本甲卷、伯 3599、底本伯 3764。
3. 撰人考定：參考羅振玉氏舊藏本、甲卷、斯 1163、斯 3835、斯 5655、斯 6243、伯 2564、伯 2738、伯 2825、伯 2981、伯 3430、伯 3569、伯 3599、伯 3623、伯 3764、伯 3797、伯 3894、伯 4995、補斯 12563、貞松堂藏西陲秘籍、Дx3111。

【押韻】

雨（上聲 7 麌）、下（上聲 21 馬）、主（上聲 7 麌）、君（上平 12 文）、身（上平 11 真）、人（上平 11 真）、門（上平 13 元）、憂（下平 11 尤）、深（下平 12 侵）為韻，（麌、馬、文、真、元、尤、侵）。

【注解】

（1）化=諫。
（2）此句應為禍不入慎家之門。
〔1〕鷹鷂雖迅……：鷹為猛禽，亦稱蒼鷹。嘴銳有鉤，四指有利爪，善飛，性兇猛，喜捕食小動物，但還是要服從大自然的規律中，鷹鷂不可能快過風雨。
〔2〕日月雖明……：覆盆指覆置的盆，光線是照不進去的。《百行章》亦云：「日月雖明，覆盆難照。」
〔3〕蛟龍雖聖……：傳說蛟龍為水中之聖物，只會於水中行動，不可能跑上岸而傷害岸上之人。
〔4〕不斬無罪之人：伯 3894 作「不煞無罪之人」；羅本、斯 6173、斯 6243 伯、伯 2738、伯 2825、伯 2981、伯 3430、伯 3569、伯 3764 作「不能

煞清潔之士」；斯 1163、斯 3835、斯 5655、伯 2564、伯 3599、伯 3623、
伯 3797 作「不斬無罪之人」。聯芳案：承文意，以「不斬無罪之人」為
宜。

〔5〕羅網雖細……：羅網喻意法網；執，逮捕。聯芳案：以此警醒世人，天
網恢恢，疏而不漏，如果沒有干犯法紀，是不需要害怕被逮捕的。

〔6〕人無遠慮……：《論語・衛靈公》：「人無遠慮，必有近憂。」〔註72〕故
凡事皆應有長遠計畫和考慮，才能穩抄勝算。

〔7〕斜徑敗於良田：斯 1163、斯 3835、伯 2564、伯 2981、伯 3430、伯 3599、
伯 3623 作「逕」；伯 3569 作「經」；斯 5655、伯 3764 作「徑」。聯芳
案：「徑」與文意吻合，故取。

〔8〕君子以含弘為大：伯 3764 作「與」；斯 1163、斯 3835、伯 2564、伯
2981、伯 3569、伯 3599、伯 3623、伯 3797 作「以」。聯芳案：依文意，
應以「以」。

〔第十八段〕（418～457）

句　數　　太公家教	418	419	420	421	422
鳴沙石室	寬則得眾	敏則有功	以法治人	人即得	治國信讒
P2564	寬則得眾	懃則有功	以法治人	人則得安	國信讒言
P3764	寬則得眾	懃則有功	以法治人	人則得安	國信讒言
周鳳五	寬則得眾	盡法無人			治國信讒
汪泛舟	寬則得眾	敏則有功	以法治人	民則得安	治國信讒
黑田彰	寬則得眾	敏則有功	以法治人	人則得安	國信讒言
撰人考定	寬則得眾〔1〕	敏則有功	以法治人〔2〕	人則得安〔3〕	國信讒言〔4〕

句　數　　太公家教	423	424	425	426	427
鳴沙石室	必煞忠臣	治家信讒	家必敗亡	兄弟信讒	分別異居

〔註72〕錢穆著：《論語新解》；臺北市：東大圖書股份有限公司，第三版二刷，2015 年
5 月，也 435～436。

P2564	必煞忠臣	治家信讒	家必敗亡	兄弟信讒	必見以居
P3764	必煞忠臣	治家信讒	家必敗亡	兄弟信讒	必見以居
周鳳五	必殺忠臣	治家信讒	家必敗亡	兄弟信讒	分別異居
汪泛舟	必殺忠臣	治家信讒	家必敗亡	兄弟信讒	分別異居
黑田彰	必殺忠臣	治家信讒	家必敗亡	兄弟信讒	分別異居
撰人考定	必煞忠臣	治家信讒〔5〕	家必敗亡〔6〕	兄弟信讒	分別異居〔7〕

句 數	428	429	430	431	432
太公家教					
鳴沙石室	夫婦信讒	男女生分	朋友信讒	必至死怨	天雨五穀
P2564	夫妻信讒	男女生分	朋友信讒	必至死怨	天雨五穀
P3764	夫妻信讒	男女生分	朋友信讒	必至死怨	天雨五穀
周鳳五	夫婦信讒	男女生分	朋友信讒	必至死怨	天雨五穀
汪泛舟	夫婦信讒	男女生紛	朋友信讒	必至死怨	天雨五谷
黑田彰	夫婦信讒	男女生分	朋友信讒	必至死怨	天雨五穀
撰人考定	夫妻信讒	男女生分	朋友信讒	必致死怨〔8〕	天雨五穀

句 數	433	434	435	436	437
太公家教					
鳴沙石室	荊棘蒙恩	杞薪救火	火必成災	楊湯止沸	不如去薪
P2564	荊棘蒙恩	抱薪救火	火必盛炎	楊湯至沸	不而棄薪
P3764	荊棘蒙恩	抱薪救火	火必盛炎	楊湯至沸	不而棄薪
周鳳五	荊棘蒙恩	抱薪救火	火必盛炎	揚湯止沸	不如去薪
汪泛舟	荊棘蒙恩	抱薪救火	火必成災	揚湯止沸	不如去薪
黑田彰	荊棘蒙恩	抱薪救火	火必盛炎	揚湯至沸	不如去薪
撰人考定	荊棘蒙恩	抱薪救火	火必盛炎〔9〕	揚湯止沸	不如棄薪〔10〕

句 數	438	439	440	441	442
太公家教					
鳴沙石室	千人排門	不如一人拔關	一人守隘	萬人莫當	貪心害己

P2564	千人排*門	不好一人拔關	一人潘命	萬夫莫當	貪心害己
P3764	千人排*門	不好一人拔關	一人潘命	萬夫莫當	貪心害己
周鳳五	千人排門	不如一人拔關	一人守隘	萬夫莫當	貪心害己
汪泛舟	千人排門	不如一人拔關	一人守隘	萬夫不當	貪心害己
黑田彰	千人排門	不如一人拔關	一人守隘	萬夫莫當	貪心害己
撰人考定	千人排門〔11〕	不如一人拔關	一人守隘〔12〕	萬夫莫當〔13〕	貪心害己

句　數 太公家教	443	444	445	446	447
鳴沙石室	利口傷身	瓜田不整履	李下不整冠	聖君雖渴	不飲道泉之水
P2564	治口傷身	瓜田不整利	李下不整冠*	聖君雖渴	不飲盜泉之水
P3764	治口傷身	瓜田不整利	李下不整冠*	聖君雖渴	不飲盜泉之水
周鳳五	利口傷身	瓜田不躡履	李下不整冠	聖君雖渴	不飲盜泉之水
汪泛舟	利口傷人	瓜田不躡履	李下不整冠	聖君雖渴	不飲盜泉之水
黑田彰	利口傷身	瓜田不整履	李下不整冠	聖君雖渴	不飲盜泉之水
撰人考定	利口傷身	瓜田不整履〔14〕	李下不整冠〔15〕	聖君雖渴〔16〕	不飲盜泉之水〔17〕

句　數 太公家教	448	449	450	451	452
鳴沙石室	暴風疾雨	不入寡婦之門	孝子不隱情於父	忠臣不隱情於君	法不化君子
P2564	暴風疾雨	不入寡婦之門	孝子不隱情於父	忠臣不隱情君	法不家於君子
P3764	暴風疾雨	不入寡婦之門	孝子不隱情於父	忠臣不隱情君	法不家於君子
周鳳五	暴風疾雨	不入寡婦之門	孝子不隱情於父	忠臣不隱情君	法不加於君子
汪泛舟	暴風疾雨	不入寡婦之門	孝子不隱情于父	忠臣不隱情于君	法不加于君子
黑田彰	暴風疾雨	不入寡婦之門	孝子不隱情於父	忠臣不隱情於君	法不加于君子
撰人考定	暴風疾雨	不入寡婦之門	孝子不隱情於父	忠臣不隱情於君〔18〕	法不加於君子〔19〕

句 數 太公家教	453	454	455	456	457
鳴沙石室	礼不知於小人	君濁則用武	君清則用文	多言不益其體	曰伎不妨其身
P2564	禮不下於小人	君清則用文	君濁則勇矣	多言不改其體	百行不方其身
P3764	禮不下於小人	君清則用文	君濁則勇矣	多言不改其體	百行不方其身
周鳳五	禮不下於小人	君濁則用武	君清則用文	多言不益其體	百伎不妨其身〔22〕
汪泛舟	禮不下於小人	君濁則用武	君清則用文	多言不益其體	百伎不妨其身
黑田彰	礼不下於小人	君濁則用武	君清則用文	多言不益其體	百伎不妨其身
撰人考定	禮不下於小人	君清則用文〔20〕	君濁則用武	多言不益其體〔21〕	百行不妨其身

〔第十八段〕（418～457）

【校勘】

1. 周鳳五氏：參考底本鳴沙石室佚書影寫本、斯 1163、斯 3835、斯 4920、斯 5655、斯 6243、伯 2564、伯 2981、伯 3764。

2. 黑田彰氏：參考斯 1163、伯 2774、伯 3430、伯 3599、底本伯 3764。

3. 撰人考定：參考羅振玉氏舊藏本、斯 1163、斯 1401、斯 3835、斯 4920、斯 5655、斯 6243、伯 2564、伯 2738、伯 2774、伯 2825、伯 2981、伯 3069、伯 3430、伯 3569、伯 3599、伯 3623、伯 3764、伯 3797、伯 3894、伯 4995、大谷本 3167、補斯 12563、補伯 3962、Дx4251、Дx04932。

【押韻】

功（上平1東）、安（上平14寒）、臣（上平11真）、亡（下平7陽）、居（上平6魚）、分（上平12文）、怨（去聲14願）、恩（上平13元）、炎（下平14鹽）、薪（上平11真）、關（上平15刪）、當（下平7陽）、身（上平11真）、冠（上平14寒）、水（上聲4紙）、門（上平13元）、君（上平12文）、人（上平11真）、文（上平12文）為韻，（東、寒、真、陽、魚、文、願、元、鹽、刪、紙）。

【注解】

〔1〕寬則得眾，敏則有功：伯 2981 作「盡法無人」；羅本、斯 1163、斯 3835、

斯 6243、伯 2564、伯 2738、伯 2825、伯 3430、伯 3599、伯 3623、伯 3764、伯 3894 作「敏則有功」。《論語・曲禮》:「……，寬則得眾，信則民任焉，敏則有功，公則說。」聯芳案:此取「敏則有功」，若待人寬厚，會得到群眾的擁護;做事敏捷的人，只要勤勞就會得到更大的成功。

〔2〕以法治人:伯 3430 作「理」;羅本、斯 1163、斯 3835、斯 5655、斯 6243、伯 2564、伯 2738、伯 2825、伯 3569、伯 3623、伯 3764、伯 3797、伯 3894 作「治」。聯芳案:凡合理的據法治理國家，必使人民奉公守法，社會長治久安，合文意，取「治」為宜。

〔3〕人則得安:羅本、伯 2738、伯 3430 作「即」;斯 1163、斯 3835、斯 5655、伯 2564、伯 2825、伯 3569、伯 3599、伯 3623、伯 3764、伯 3797、伯 3894 作「得」。聯芳案:依上下文意，應以「得」為宜。

〔4〕國信讒言:伯 2738 作「治國信讒言」;斯 5655 作「國信讒」;伯 2981 作「理國信讒」;羅本、伯 3430 作「治國信讒」;斯 3835、伯 2825、伯 3569、伯 3599、伯 3623、伯 3674、伯 3797、伯 3894 作「國信讒言」。聯芳案:依上下文意，應以「國信讒言」為宜。

〔5〕治家信讒:伯 2981、伯 3430 作「理」;羅本、斯 1163、斯 3835、斯 5655、斯 6243、伯 2564、伯 2738、伯 2825、伯 3569、伯 3599、伯 3623、伯 3764、伯 3797、伯 3894 作「治」。聯芳案:依上下文意，應以「治」為宜。

〔6〕家必敗亡:斯 3835、伯 3569、伯 3894 作「必敗團壺」;斯 5655、伯 2981、博 797 作「不敬二親」;羅本、斯 1163、斯 6173、伯 2738、伯 2825、伯 3599 作「必家敗亡」;伯 3430、伯 3764 作「家必敗亡」。聯芳案:依上下文意，應以「家必敗亡」為宜。

〔7〕分別異居:伯 3764 作「必見以居」;羅本、斯 5655、斯 6173、伯 2738、伯 2981、伯 3430、伯 3797 作「異」;斯 1163、伯 3569、伯 3623 作「以」。聯芳案:此應為「分別異居」為宜。

〔8〕必致死怨:伯 2981 作「積惡累怨」;斯 3835、斯 5655、伯 2738、伯 3599、伯 3623、伯 3764、伯 3797、伯 3894 作「必至死怨」;羅本、伯 2564、伯 2825、伯 3430、伯 3569 作「必致死怨」。聯芳案:此似應為「必致死怨」為宜。

〔9〕火必盛炎：伯3797作「火盛炎」；伯2738作「火盛災」；斯6173、伯
3599作「必成其災」；斯1163、斯3835、伯3623作「火必成煙」；羅
本、伯3894作「火必成災」；伯2981作「火必盛焉」；伯3430作「火
必盛燃」；伯3569作「火必盛災」。聯芳案：此似應「火必盛炎」為宜。

〔10〕不如棄薪：伯3623、伯3764、伯3835、伯3894作「而」；斯1163、伯
2564、伯2738、伯2981、伯3599、伯3797作「如」。聯芳案：此應「如」
為宜。

〔11〕千人排門，不如一人拔關：拔關即把守關口。若能有人用心的把守關隘，
勝過一千個無所作為的人站在門口把門。

〔12〕一人守隘：斯3835、伯3623、伯3764、伯3894作「○命」；羅本、斯
4920、斯5655、斯6173、斯6243、伯2564、伯2738、伯2981、伯3430、
伯3569、伯3599、伯3797作「守隘」。聯芳案：排門即把門，唐朝時
的習慣用語，此應「守隘」為宜。

〔13〕萬夫莫當：羅本、伯2738、伯2981作「人」；斯1163、斯3835、斯5655、
斯6243、伯2564、伯2825、伯3430、伯3569、伯3599、伯3623、
伯3764、伯3797、伯3894作「夫」。另斯3835、伯3430、伯3623作「不
當」；伯3569、伯3894作「不敵」；羅本、斯5655、伯2564、伯2825、
伯2981、伯3599、伯3764、伯3797作「莫當」。聯芳案：承上文意，
應「萬夫莫當」為宜。

〔14〕瓜田不整履：斯1163、伯2981作「苽」；羅本作「荒」；斯3835、斯
5655、伯2564、伯2738、伯2825、伯3430、伯3569、伯3599、伯3623、
伯3764、伯3797、伯3894作「瓜」。「苽」、「菰」皆為禾本科，此處乃
為意旨，聯芳案：承上文意，應「瓜田」為宜。

〔15〕李下不整冠：羅本、伯2738、伯2825、伯2981、伯3430作「李」；伯
3569、伯3764作「利」；斯3835、斯5655、斯6243、伯2564、伯3599、
伯3623、伯3797、伯3894作「梨」。此或為「梨」、「利」之形誤，又
「梨」「李」為音誤。聯芳案：承上文意，應「李下」為宜。

〔16〕聖君雖渴：伯3430作「聖人」；斯4920、斯5655、伯2981、伯3797作
「堯舜」；羅本、斯1163、斯3835、斯6243、伯2564、伯2825、伯3569、
伯3599、伯3623、伯3764、伯3894作「聖君」。芳案：承上文意，應
「聖君」為宜。

〔17〕不飲盜泉之水：斯1163作「食」；羅本、斯4920、斯5655、伯2564、伯2738、伯2825、伯3430、伯3569、伯3599、伯3623、伯3764、伯3797、伯3894作「飲」。又伯2981作「道邊」；斯3835、斯4920、伯2738、伯3569、伯3623、伯3894作「道泉」；斯1163、斯5655、伯2564、伯2825、伯3430、伯3764、伯3797作「盜泉」。聯芳案：承上文意，取「飲」、「盜泉」為宜。

〔18〕忠臣不隱情於君：伯3764缺；參考斯1401、斯11623、斯4920、斯5655、斯6243、伯2564、伯3430、伯3569、伯3599、伯3623、伯3764、伯3797、v喔3894補入。聯芳案：承上文意，補入「忠臣不隱情於君」為宜。

〔19〕法不加於君子：伯2738、伯2825作「化」；斯1163、思835、伯3569、伯3764作「家」；斯4920、斯5655、斯6243、伯2564、伯3430、伯3797、伯3894作「加」。聯芳案：推敲文意，以「加」為宜。

〔20〕君清則用文，君濁則用武：伯2981作「亂則用武，清則用文」；斯4920、斯5655、伯3569缺「君」字；思835、伯3523、伯3797「君」則作「軍」；羅本、斯1163、斯1401、斯3835、斯6243、伯2564、伯2738、伯2825、伯3430、伯3569、伯3623、伯3894作「君濁則用武，君清則用文」；斯4920、斯5655、伯3764、伯3797作「君清則用文，君濁則用武」。聯芳案：承上文意，以「君清則用文，君濁則用武」較為合宜。

〔21〕多言不益其體：伯3764作「改」；羅本、斯1163、斯3835、斯4920、斯5655、斯6243、伯2564、伯2738、伯2981、伯3430、伯3569、伯3623、伯3894作「益」。聯芳案：承文意，以「益」為宜。

〔22〕百伎不妨其身：伯2564、伯3797、伯3894作「防」；斯4920、伯3764作「方」；羅本、斯1163、斯3835、斯5655、斯6243、伯2738、伯2825、伯2981、波430、伯3623作「妨」。「防」應是「妨」之形誤，「方」為「妨」之假借。聯芳案：承文意，以「妨」為宜。

〔第十九段〕（458～481）

句　數	458	459	460	461	462
太公家教					
鳴沙石室	明君不愛邪佞之臣	慈父不愛不力之子	道之以德〔2〕	齊之以禮	

P2564	明君不愛邪佞之臣	慈父不愛不孝之子	道之與德	情之與禮	小人負重
P3764	明君不愛邪佞之臣	慈父不愛不孝之子	道之與德	情之與禮	小人負重
周鳳五	明君不愛邪佞之臣	慈父不愛不孝之子	導之與德	齊之與禮	小人負重
汪泛舟	明君不愛邪佞之臣	慈父不愛不孝之子	導之與德	齊之與禮	凡人負重
黑田彰	明君不愛邪佞之臣	慈父不愛不孝之子	道之與德	齊之與禮	小人負重
撰人考定	明君不愛邪佞之臣〔1〕	慈父不愛不孝之子	道之與德	情之與禮	小忍負重〔3〕

句數 太公家教	463	464	465	466	467
鳴沙石室	小人不擇地而息	君子固窮〔4〕	小人不擇官而事	屈厄之人	不羞執鞭之事
P2564	不擇地而息	君子困窮	小人窮斯濫以*	屈厄之人	不羞執鞭之事
P3764	不擇地而息	君子困窮	小人窮斯濫以*	屈厄之人	不羞執鞭之事
周鳳五	不擇地而息	君子困窮	不擇官而事	屈厄之人	不羞執鞭之事
汪泛舟	不擇地而置	君子固窮	小人窮斯濫以*	屈厄之人	不羞執鞭之事
黑田彰	不擇地而息	君子困窮	不擇官而事	屈厄之人	不羞執鞭之仕
撰人考定	不擇地而息	君子困窮	小人窮斯濫以*	屈厄之人〔5〕	不羞執鞭之事

句數 太公家教	468	469	470	471	472
鳴沙石室	飢寒在身	不羞乞食之恥	貧不可欺	富不可恃	陰陽相崔
P2564	飢寒在身	不羞乞食之恥	貧不可欺	富不可恃	陰陽相催
P3764	飢寒在身	不羞乞食之恥	貧不可欺	富不可恃	陰陽相催
周鳳五	飢寒在身	不羞乞食之恥	貧不可欺	富不可恃	陰陽相催

汪泛舟	飢寒在身	不羞乞食之恥	貧不可欺	富不可恃	陰陽相催
黑田彰	飢寒在身	不羞乞食之恥	貧不可欺	富不可恃	陰陽相催
撰人考定	飢寒在身〔6〕	不羞乞食之恥	貧不可欺	富不可恃〔7〕	陰陽相催

句　數 太公家教	473	474	475	476	477
鳴沙石室	終而復始	太公未遇	鈎魚水	相如未達	賣卜於市
P2564	終而復始	太公未偶	釣魚於水	相如未達	賣卜於市
P3764	終而復始	太公未偶	釣魚於水	相如未達	賣卜於市
周鳳五	周而復始	太公未遇	釣魚於水	相如未達	賣卜於市
汪泛舟	周而復始	太公未遇	釣魚渭水	相如未達	賣卜于市
黑田彰	終而復始	太公未偶	釣魚於水	相如未達	売卜於市
撰人考定	周而復始〔8〕	太公未遇〔9〕	鈎魚於水〔10〕	相如未遇〔11〕	賣卜於市〔12〕

句　數 太公家教	478	479	480	481	
鳴沙石室	父居山	魯連海水	孔鳴盤桓	候時而起	
P2564	塑婦居山	魯連赴海	孔鳴盤桓	候時而去	
P3764	塑婦居山	魯連赴海	孔鳴盤桓	候時而去	
周鳳五	巢父居山	魯連赴海	孔明盤桓	候時而起	
汪泛舟	巢父居山	魯連海水	孔明盤桓	待時而去	
黑田彰	巢父居山	魯連赴海	孔明盤桓	候時而起	
撰人考定	巢父居山〔13〕	魯連赴海	孔明盤桓〔14〕	候時而起〔15〕	

〔第十九段〕（458～481）

【校勘】

1. 周鳳五氏：參考底本鳴沙石室佚書影寫本、斯 2774、斯 3835、斯 4920、斯 5655、斯 6243、伯 2564、伯 2774、伯 2981、伯 3764、伯 4920。

2. 黑田彰氏：參考羅振玉氏舊藏本、斯 1163、伯 2774、伯 3623、底本伯 3764、伯 3894。

3. 撰人考定：羅振玉氏舊藏本、斯 1163、斯 1401、斯 3835、斯 4920、斯 5655、斯 6243、伯 2564、伯 2738、伯 2774、伯 2825、伯 2981、伯 3069、伯 3430、伯 3569、伯 3623、伯 3764、伯 3797、伯 3894、伯 4588、大谷本 3169、Дх4251。

【押韻】

子（上聲 4 紙）、禮（上聲 8 薺）、息（入聲 13 職）、事（去聲 4 寘）、仕（上聲 4 紙）、恥（上聲 4 紙）、恃（上聲 4 紙）、始（上聲 4 紙）、水（上聲 4 紙）、市（上聲 4 紙）、海（上聲十賄）、起（上聲 4 紙）為韻，（紙、薺、職、寘、賄）。

【注解】

〔1〕明君不愛邪佞之臣：斯 4920、斯 5655 作「你」；羅本、斯 1163、斯 1401、斯 3835、伯 2564、伯 2738、伯 2774、伯 2825、伯 2981、伯 3430、伯 3569、伯 3623、伯 3764、伯 3797、伯 3894 作「佞」。《孝經》：「孝始於事親，中於事君，終於立身。」古代要求臣對君忠，子對父孝，克盡倫理道德思想。聯芳案：推敲文意，「你」或為音誤，「佞」較合理。

〔2〕道之以德，齊之以禮：斯 1163、伯 3764 作「與」；羅本、斯 3835、斯 4920、斯 5655、伯 2564、伯 2738、伯 2774、伯 2825、伯 2981、伯 3069、伯 3569、伯 3623、伯 3797、伯 3894 作「以」。道通導，指治理；齊指約束。《論語・為政》：「道之以德，齊之以禮，有恥且格。」〔註73〕聯芳案：喻國家以德治理百姓，以禮約束百姓深入民心，致人之相處，義屬平等，理貴相通，人民知恥，國家自然興盛，依《論語》原文，此兩句皆應作「以」。

〔3〕小忍負重：羅本、伯 3894 作「負重」；斯 1163、斯 1401、斯 3835、伯 2981、伯 3569、伯 3623 作「凡」；羅本、斯 4920、斯 5655、伯 2564、伯 2774、伯 2825、伯 3069、伯 3764、伯 3797、伯 3894 作「小」。聯芳案：此句應以「小忍負重」為宜。

〔4〕君子固窮……：謂君子遇到困苦愁難的境地，仍能堅守正道，但小人同樣遇到時卻放濫橫行。《論語・衛靈公》：「衛靈公問陳於孔子……，君

〔註73〕錢穆著：《論語新解》；臺北市：東大圖書股份有限公司，第三版二刷，2015 年 5 月，頁 27～28。

子固窮，小人窮斯濫矣。」〔註74〕聯芳案：君子人總有機會遇到窘境，更應該設身處地為人著想，切不可喜怒形於色而失其態。

〔5〕屈厄之人……：屈以彎曲、窮盡；厄為隘、困；此屈厄解為困窘。《論語·述而》：「富而可求也，雖執鞭之士，吾亦為之。如不可求，從吾所好。」〔註75〕聯芳案：死生有命，富貴在天，雖非求而必得，言人若知命，即可善道。

〔6〕飢寒在身……：乞食為乞求食物。《左傳·僖公十三年》：「晉荐饑，使乞糴於秦。」〔註76〕《史記·魯仲連鄒陽列傳》：「百里奚乞食於路，繆公委之以政。」〔註77〕聯芳案：古語有云，貧賤不能移，富貴不能淫，威武不能屈，存正氣於萬物間，自有其天地。

〔7〕富不可恃：伯3569作「特」；斯1163、斯3835、伯3623作「侍」；斯4920、斯5655、伯2564、伯3797作「時」；羅本、斯5655、伯2774、伯2825、伯2981、伯3069、伯3764作「恃」。聯芳案：惟依文意，應以「恃」宜，「侍」、「特」、「時」為形誤。

〔8〕周而復始：羅本、斯1163、斯6243、伯2738、伯2774、伯2825、伯3764作「終」；斯3835、斯4920、斯5655、伯2564、伯2981、伯3069、伯3569、伯3623、伯3797作「周」。日月星辰週而復始，陰陽循環，生生不息。聯芳案：依文意，雖各有其妙，但此以「周」為宜。

〔9〕太公未遇：羅本作「遇」；伯2981作「不遇」；斯6243、伯2774、伯3764作「偶」；斯1163、斯1401、斯3835、斯4920、斯5655、伯2564、伯2825、伯3069、伯3569、伯3623、伯3797、伯3894作「達」。聯芳案：「遇」、「偶」或為形誤，依文意，以「遇」為宜。

〔10〕鉤魚於水：斯1401、斯3835、伯3069、伯3569、伯3623、伯3764、伯3894作「釣」；羅本、斯1163、斯4920、斯5655、斯6243、伯2564、伯2774、伯2825、伯2981、伯3797作「鉤」。聯芳案：以姜太公之典故，願者上鉤，故取「鉤」，為宜。

〔註74〕錢穆著：《論語新解》；臺北市：東大圖書股份有限公司，第三版二刷，2015年5月，頁425～426。

〔註75〕錢穆著：《論語新解》；臺北市：東大圖書股份有限公司，第三版二刷，2015年5月，頁186～187。

〔註76〕楊伯峻編著：《春秋左傳注》；北京，中華書局，3版（修訂本），2009年10月，頁343～345。

〔註77〕（漢）司馬遷撰：《史記》；北京：中華書局，1959年9月，頁2473。

〔11〕相如未遇：羅本、斯 3835、伯 2738、伯 2774、伯 3623、伯 3764、伯 3894 作「達」；斯 1163 作「愚」；伯 3069 作「過」；斯 1401、斯 4920、斯 5655、伯 2564、伯 2981、伯 3797 作「遇」。聯芳案：以司馬相如之典故，取「遇」，為宜。

〔12〕賣卜於市：斯 3835、伯 2981、伯 3569、伯 3623、伯 3894 作「賣藥」；斯 1163、斯 4920、斯 5655、伯 3797 作「買卜」；羅本、斯 1401、伯 2564、伯 2774、伯 3069、伯 3764 作「賣卜」；聯芳案：以司馬相如之典故，取「賣卜」，為宜。

〔13〕巢父居山：伯 3764 作「婦」；斯 1163、斯 4920、斯 5655、斯 6243、伯 2564、伯 2774、伯 2825、伯 2981、伯 3069、伯 3569、伯 3623、伯 3797、伯 3894 作「父」。又斯 1163 作「於」；斯 4920、斯 5655、斯 6243、伯 2564、伯 2774、伯 2825、伯 2981、伯 3069、伯 3569、伯 3623、伯 3764、伯 3797、伯 3894 作「居」。聯芳案：依文意，取「父」合「居」，為宜。

〔14〕孔明盤桓：伯 3764 作「名鳴」；斯 1163 作「名」；斯 6243、伯 2738、伯 2774、伯 2825、伯 3069 作「鳴」；斯 3835、斯 4920、斯 5655、伯 2564、伯 2981、伯 3569、伯 623、伯 3797 作「明」。聯芳案：此乃取諸葛孔明典故，依其文意取「明」為宜。

〔15〕候時而起：斯 1163、斯 3835、伯 3623、伯 3764、伯 3894 作「去」；羅本、斯 1401、斯 4920、斯 5655、伯 2564、伯 2774、伯 2981、伯 3069、伯 3569、伯 3797 作「起」。聯芳案：此亦取諸葛孔明典故，依其文意「候時而起」為宜。

〔第二十段〕（482～509）

句 數 太公家教	482	483	484	485	486
鳴沙石室	鶴鳴九皋	聲聞於天	電裏燃火	燒氣成雲	家中有惡
P2564	鶴鳴九皋	聲聞於天	電裏燃火	煙氣成云	家中有惡
P3764	鶴鳴九皋	聲聞於天	電裏燃火	煙氣成云	家中有惡
周鳳五	鶴鳴九皋	聲聞於天	竃裏燃火	煙氣成雲	家中有惡
汪泛舟	鶴鳴九皋	聲聞于天	灶裏燃火	煙氣成云	家中有惡

黑田彰	鶴鳴九皐	聲聞於天	竈裏燃火	煙氣成云	家中有惡
撰人考定	鶴鳴九皐〔1〕	聲聞於天	電裏燃火	煙氣成雲	家中有惡

句 數 太公家教	487	488	489	490	491
鳴沙石室	人必知之	身有德行	人必稱傳		
P2564	人必知聞	身有德行	人必稱傳	□	□
P3764	人必知聞	身有德行	人必稱傳	□	□
周鳳五	人必知之	身有德行	人必稱傳	惡不可作	善必可親
汪泛舟	外必知聞	身有德行	人自稱傳	惡不可作	善不可觀
黑田彰	人必知聞	身有德行	人必稱傳	惡不可作	善必可親
撰人考定	人必知聞〔2〕	身有德行〔3〕	人必稱傳	惡不可作	善必可親

句 數 太公家教	492	493	494	495	496
鳴沙石室			孟母三移	為子擇隣	只患人己所不知〔3〕
P2564	□	□	孟母三思	為子擇鄰	只知己所不欲
P3764	□	□	孟母三思	為子擇鄰	只知己所不欲
周鳳五	人能弘道	非道弘人	孟母三徙	為子擇隣	不患人之不己知
汪泛舟	人能弘道	非道弘人	孟母三移	為子擇隣	不患人之不己知
黑田彰	人能弘道	非道弘人	孟母三思	為子擇隣	不患人之不己知
撰人考定			孟母三移〔4〕	為子擇隣	不患人之不己知〔5〕

句 數 太公家教	497	498	499	500	501
鳴沙石室	患己不知人也	欲立身〔4〕	先立於人	己欲達	先達人
P2564	患己不知人也	欲立其身	先達他人	己欲求達	先達於人

P3764	患己不知人也	欲立其身	先達他人	己欲求達	先達於人
周鳳五	但患己之不知人也	己欲求立	先立於人	己欲求達	先達於人
汪泛舟	患己不知人也	己欲立	先立人	己欲達	先達人
黑田彰	患己不知人也	欲立其身	先立於人	己欲求達	先達於人
撰人考定	患己不知人也	己欲求立〔6〕	先立於人	己欲求達〔7〕	先達於人

句　數 太公家教	502	503	504	505	506
鳴沙石室	立身行道	始於事親	孝無終始	不離其身	修身慎行
P2564	立身行道	始於事親	孝無終始	不離其身	修身慎行
P3764	立身行道	始於事親	孝無終始	不離其身	修身慎行
周鳳五	立身行道	始於事親	孝無終始	不離其身	修身慎行
汪泛舟	立身行道	始于事親	孝無終始	不離其身	修身慎行
黑田彰	立身行道	始於事親	孝無終始	不離其身	修身慎行
撰人考定	立身行道	始於事親	孝無終始	不離其身	修身慎行

句　數 太公家教	507	508	509		
鳴沙石室	恐辱先人	己所不欲	物施於人		
P2564	恐辱先人	己所不欲	勿施於人		
P3764	恐辱先人	己所不欲	勿施於人		
周鳳五	恐辱先人	己所不欲	勿施於人		
汪泛舟	恐辱先人	己所不欲	勿施於人		
黑田彰	恐辱先人	己所不欲	勿施於人		
撰人考定	恐辱先人	己所不欲〔8〕	勿施於人		

〔第二十段〕（482～509）

【校勘】

1. 周鳳五氏：參考底本鳴沙石室佚書影寫本、斯 3835、斯 5655、伯 2564、
　　伯 2774、伯 2981、伯 4588。

2. 黑田彰氏：參考斯 1163、伯 2774、伯 2981、伯 3069、底本伯 3764。

3. 撰人考定：參考羅振玉氏舊藏本、斯 1163、斯 1401、斯 3835、斯 4920、
　　　斯 5655、斯 6243、伯 2564、伯 2738、伯 2774、伯 2825、伯
　　　2981、伯 3069、伯 3569、伯 3623、伯 3764、伯 3797、伯 3894、
　　　伯 4588、大谷本 3169。

【押韻】

天（下平 1 先）、雲（上平 12 文）、聞（上平 12 文）、傳（下平 1 先）、親（上
平 11 真）、人（上平 11 真）、隣（上平 11 真）、身（上平 11 真）為韻，（先、
文、真）。

【注解】

〔1〕鶴鳴九皋，聲聞於天：斯 1163、斯 1401、斯 3835、伯 2981、伯 3623、
　　伯 3894 作「徹」；羅本、斯 4920、斯 5655、斯 6243、伯 2564、伯 2774、
　　伯 2825、伯 3069、伯 3569、伯 3764、伯 3797 作「聞」。聯芳案：皋同
　　皐，沼澤。比喻賢者身處於隱，而其聲譽仍因德行遠揚於外，稱揚於世，
　　故承文意「聞」較合宜。

〔2〕人必知聞：伯 2825 作「人必知之聞」；羅本、伯 3069 作「人必知之」；
　　斯 3835 作「外必聞」；伯 2981、伯 3569、伯 3623、伯 3894 作「外必
　　知聞」；斯 1163、斯 3835、斯 4920、斯 5655、斯 6243、伯 2564、伯
　　2774、伯 3764、伯 3797 作「人必知聞」。聯芳案：承文意取「人必知
　　聞」較為合宜。

〔3〕身有德行……善必可親：斯 4920、斯 555、伯 2564、伯 3569、伯 3623、
　　伯 3797 作「善不可觀」；伯 2774、伯 2981 作「善必可親」。聯芳案：
　　承文意，做人若要修德修善，聲名自會遠播，取「善必可親」為宜。

〔4〕孟母三移：羅本、伯 3069 作「移」；伯 2981 作「徙」；斯 1163、斯 3835、
　　斯 4920、斯 5655、伯 2564、伯 2774、伯 2825、伯 569、伯 3623、伯
　　3764、伯 3797、伯 4588 作「思」。聯芳案：承文意，孟母三遷，故取
　　「移」，其意最近為宜。

〔5〕不患人之不己知，患己不知人也：伯 3623 作「不患人之不己之，患己
　　不知仁也」；斯 5655 作「只欲己所不欲，患己知人也」；伯 2774、伯
　　3569、伯 4588 作「不患人之不己知，患己不知人也」。只有此段於論語

原意相合，謂不要憂患別人不知道自己，反應該憂患自己不知道人家的賢能。《論語・學而》：「不患人之不己知，患己不知人也。」〔註78〕

〔6〕己欲求立，先立於人：斯4920、斯5655、伯3797作「己欲立身，先立於人」；羅本、伯2564、伯3069作「欲立身，先立於人」；伯2774、伯3764作「欲立其身，先達他人」；斯1163、伯2825作「欲立其身，先立於人」；斯6243作「欲立其身，先○○○」；伯3894作「欲立其身，慎行其餘，恐辱先立於人」；斯3835、伯4588作「己欲立，先立人」；伯2981作「己欲求立，先立於人」；伯3569作「己欲立而立人」。聯芳案：依《論語》，四言押韻取「己欲求立，先立於人」。

〔7〕己欲求達，先達於人：伯3569作「己欲達而達人」；伯3894作「欲於達身，先達於人」；伯3623作「欲達己，先達人」；羅本、斯3835、斯4920、斯5655、伯2564、伯3069作「己欲達，先達人」；斯1163、伯2738、伯2774、伯2825、伯2981、伯3764作「己欲求達，先達於人」。《論語・雍也》：「夫仁者，己欲立而立人，己欲達而達人。」〔註79〕聯芳案：為人處世，應時刻好學不倦，欲立欲達自在於心。故此亦依《論語》，以四言押韻取「己欲求達，先達於人」。

〔8〕己所不欲，勿施於人：《論語・顏淵》：「己所不欲，勿施於人，在邦無怨，在家無怨。」〔註80〕對於自己不想要的任何事物，就不要強加於人。聯芳案：反之，若對於自己想要的，是否就可以加於人呢？其實，是不可以的，人貴自重乎。

〔第二十一段〕（510～539）

句　數 太公家教	510	511	512	513	514
鳴沙石室	近鮑者臭〔1〕	近蘭者香	近愚者闇	近智者良	明珠不瑩
P2564	近鮑者嗅	近蘭者香	近愚者闇	近智者良	明珠不瑩*

〔註78〕錢穆著：《論語新解》；臺北市：東大圖書股份有限公司，第三版二刷，2015年5月，頁23。

〔註79〕錢穆著：《論語新解》；臺北市：東大圖書股份有限公司，第三版二刷，2015年5月，頁174～176。

〔註80〕錢穆著：《論語新解》；臺北市：東大圖書股份有限公司，第三版二刷，2015年5月，頁325～326。

P3764	近鮑者嗅	近蘭者香	近愚者闇	近智者良	明珠不瑩
周鳳五	近鮑者臭	近蘭者香	近愚者闇	近智者良	明珠不瑩
汪泛舟	近鮑者臭	近蘭者香	近愚者暗	近智者良	明珠不瑩
黑田彰	近鮑者臭	近蘭者香	近愚者闇	近智者良	明珠不瑩
撰人考定	近鮑者臭	近蘭者香	近愚者闇〔1〕	近智者良〔2〕	明珠不瑩

句　數 太公家教	515	516	517	518	519
鳴沙石室	焉發其光	人生不學	言不成章	小兒學者	如日出之光
P2564	焉發其光	人生不學	語不成章	小兒學者	如日出之光
P3764	焉發其光	人生不學	語不成章	小兒學者	如日出之光
周鳳五	焉發其光	人生不學	言不成章	小而學者	如日出之光
汪泛舟	焉發其光	人生不學	言不成章	小兒學者	如日出之光
黑田彰	焉發其光	人生不學	語不成章	小兒學者	如日出之光
撰人考定	焉發其光	人生不學	言不成章〔3〕	小而學者	如日出之光

句　數 太公家教	520	521	522	523	524
鳴沙石室	長而學者	如日中之光	老而學者	如日慕之光	老而不學
P2564	長兒學者	如日中之光	老兒學者	如日暮之光	人而不學
P3764	長兒學者	如日中之光	老兒學者	如日暮之光	人而不學
周鳳五	長而學者	如日中之光	老而學者	如日暮之光	人生不學
汪泛舟	長而學者	如日中之光	老而學者	如日暮之光	老而不學
黑田彰	長而學者	如日中之光	老而學者	如日暮之光	人而不學
撰人考定	長而學者〔4〕	如日中之光	老而學者	如日暮之光	人生不學〔5〕

句　數 太公家教	525	526	527	528	529
鳴沙石室	冥冥如夜	柔必勝剛	若必勝強	齒堅即折	若柔則長
P2564	冥冥如夜行	柔必勝光	弱必勝強	齒剛則折	折*柔則長

P3764	冥冥如夜行	柔必勝光	弱必勝強	齒剆則折	折*柔則長
周鳳五	冥冥如夜行	柔必勝剛	弱必勝強	齒堅即折	舌柔則長
汪泛舟	冥冥如夜行	柔必勝剛	弱必勝強	齒堅則折	舌柔則長
黑田彰	冥冥如夜行	柔必勝剛	弱必勝強	齒剛則折	舌柔則長
撰人考定	冥冥如夜行	柔必勝剛〔6〕	弱必勝強	齒剛則折〔7〕	舌柔則長〔8〕

句　數 太公家教	530	531	532	533	534
鳴沙石室			女慕貞潔〔5〕	，男効才良	行善獲福
P2564	𠃊	𠃊	女暮貞潔	男効才良	行善獲福
P3764	𠃊	𠃊	女暮貞潔	男効才良	行善獲福
周鳳五	凶必橫死	欺敵者亡	女慕貞潔	男効才良	行善獲福
汪泛舟	凶必橫死	欺敵者亡	女慕貞潔	男効才良	行善獲福
黑田彰	凶必橫死	欺敵者亡	女慕貞潔	男効才良	行善獲福
撰人考定			女慕貞潔〔9〕	男効才良	行善獲福

句　數 太公家教	535	536	537	538	539
鳴沙石室	行惡得殃	行來不遠〔6〕 ⑥	所見不長	學不廣	智惠不長
P3764	行惡德殃	行來不遠	所見不長	學問不廣	智惠不長
P3764	行惡德殃	行來不遠	所見不長	學問不廣	智惠不長
周鳳五	行惡得殃	行來不遠	所見不長	學問不廣	智惠不長
汪泛舟	行惡得殃	行來不遠	所見不長	學問不廣	智慧不長
黑田彰	行惡得殃	行來不遠	所見不長	學問不廣	智惠不長
撰人考定	行惡得殃〔10〕	行來不遠〔11〕	所見不長	學問不廣	智惠不長

〔第二十一段〕（510～539）

【校勘】

1. 周鳳五氏：參考底本鳴沙石室佚書影寫本、斯3835、斯4920、斯5655、
　　伯2564、伯2981、伯4588。

2. 黑田彰氏：參考羅振玉氏舊藏本、斯 1163、伯 2774、伯 3623、底本伯 3764。

3. 撰人考定：參考羅振玉氏舊藏本、斯 1401、斯 3835、斯 4920、斯 5655、斯 6243、伯 2564、伯 2738、伯 2774、伯 2825、伯 2981、伯 3069、伯 3569、伯 3623、伯 3764、伯 3797、伯 3894、伯 4588。

【押韻】

香（下平 7 陽）、良（下平 7 陽）、光（下平 7 陽）、章（下平 7 陽）、行（下平 8 庚）、強（下平 7 陽）、長（下平 7 陽）、亡（下平 7 陽）、殃（下平 7 陽）為韻，（陽、庚）。

【注解】

〔1〕近愚者闇：與愚鈍闇昧的人交往，不自覺間就會變得愚暗，故日常生活應多接近有智慧的人，使自己在潛移默化中變得優秀。

〔2〕近智者良：斯 5655 作「知」；羅本、斯 1163、斯 6243、伯 2564、伯 2738、伯 2774、伯 2825、伯 2981、伯 3069、伯 3764、伯 4588 作「智」。《顏氏家訓》：「與善人居，如入芝蘭之室，久而自芳也；與不善人居，如入鮑魚之肆，久而自臭也。」於環境對人影響之大，不可不注意。聯芳案：知是智之借字，依文意仍以「智」為是。

〔3〕言不成章：羅本、伯 2738、伯 3069 作「言不」；斯 1163 作「語必」；斯 5655 缺「不」；參考斯 3835、斯 4920、伯 2774、伯 2981、伯 3764、伯 3797、伯 4588 補入。《禮記‧學記》：「人不學，不知道。」比喻不學無術的人，他們所說的話，大多不符合封建禮教的典章制度。聯芳案：依文意以「言不」較為準確。

〔4〕長而學者，如日中之光：斯 4920、斯 5655 作「而」；斯 1163、斯 3835、伯 2774、伯 2825、伯 2981、伯 3069、伯 3623、伯 3764、伯 3797、伯 4588 作「如」。斯 5655 作「自」；斯 1163、斯 3835、斯 4920、伯 2564、伯 2774、伯 2825、伯 2981、伯 3069、伯 3623、伯 3764、伯 3797、伯 4588 作「日」。如《晉平公問於師曠》：「少而好學，如日出之陽；壯而好學，如日中之光；老而好學，如炳燭之明。」聯芳案：道必通古今，故必兼學古今之道，道無處不在，惟學則在己、在勤。故能善學者，自能通師。為合文意取「如」、「日」。

〔5〕人生不學：伯3069、伯2825作「為」；斯6243、伯3764作「而」；伯2774作「如」；斯1163、斯3835、斯4920、斯5655、伯2564、伯2981、伯3797、伯4588作「生」；聯芳案：依文意以「生」為宜。

〔6〕柔必勝剛，若必勝強：斯5655、伯2981、伯3569、伯3797、伯4588作「弱必勝強、柔必勝剛」；羅本、斯1163、斯3835、伯2564、伯2774、伯2825、伯3069、伯3623、伯3764作「柔必勝剛，若必勝強」。聯芳案：依文意以「柔必勝剛，若必勝強」為宜。

〔7〕齒剛則折：羅本、伯2738、伯2825、伯3069作「堅即」；斯1163、斯3835、斯4920、斯5655、伯2564、伯2774、伯2981、伯3569、伯3623、伯3764、伯3797、伯4588作「剛則」。聯芳案：依文意以「剛則」為宜。

〔8〕舌柔則長：斯5655缺；參考斯1163、斯3835、伯2564、伯2738、伯2825、伯2981、伯3069、伯3569、伯3623、伯4588補入。聯芳案：依文意以「齒」「舌」相對，故應補入為宜。

〔9〕女慕貞潔，男効才良：鼓勵女性要愛慕貞操高潔的人，男性要效法學習品學兼優的人，給自己立下良好典範，才能成就自己。

〔10〕行惡得殃：斯1163、伯2981、伯3764、伯4588作「德」；斯5655、伯2564、伯2738、伯2774、伯2825、伯3069、伯3569、伯3623、伯3797、伯3835、伯4920作「得」。聯芳案：依文意以「得」為宜。

〔11〕行來不遠：伯2981、伯4588作「履」；羅本、斯1163、斯3835、斯4920、斯5655、伯2564、伯2738、2774、伯2825、伯3069、伯3623、伯3797作「來」。《禮記·學記》：「故君子之學也，藏焉，脩焉，息焉，游焉。夫然，故安其學而親其師，樂其友而親其道，是以雖離師輔而不反也。」〔註81〕聯芳案：依文意，應以「來」較合宜。人行萬里路，不如讀萬卷書。透過學習才能真正增長知識和自我的人生價值。

〔第二十二段〕（540～561）

句　數 太公家教	540	541	542	543	544
鳴沙石室	欲知其君	視其所使	欲知其父	先視其子	欲作其木〔3〕

〔註81〕王文錦譯解：《禮記譯解》；北京，中華書局，2016年第8版，頁534～535。

P2564	欲之*其君	視其所使	欲之其父	先視其子	欲作其木
P3764	欲之*其君	視其所使	欲之*其父	先視其子	欲作其木
周鳳五	欲知其君	視其所使	欲知其父	先視其子	欲作其木
汪泛舟	欲知其君	視其所使	欲知其父	先視其子	欲知其木
黑田彰	欲知其君	視其所使	欲知其父	先視其子	欲知其木
撰人考定	欲知其君〔1〕	視其所使〔2〕	欲知其父〔3〕	先視其子	欲作其木〔4〕

句　數 太公家教	545	546	547	548	549
鳴沙石室	視其文理	欲知其人	先知奴婢	君子固窮	小人窮斯濫矣
P2564	視其文理	欲知其人	視其奴婢	君子困窮	不擇官而士□
P3764	視其文理	欲知其人	視其奴婢	君子困窮	不擇官而士□
周鳳五	視其文理	欲知其人	先知奴婢	君子固窮	小人窮斯濫矣
汪泛舟	視其文理	欲知其人	先知奴婢		
黑田彰	視其文理	欲知其人	視其奴婢	君子固窮	小人窮斯濫矣
撰人考定	視其文理	欲知其人〔5〕	視其奴婢〔6〕	君子固窮〔7〕	小人窮斯濫矣

句　數 太公家教	550	551	552	553	554
鳴沙石室	病則無法	醉則元憂	飲人誑藥	不得責人之禮	聖人避其酒客
P2564	病則有藥	醉則無憂	飲人強藥	不得責人無禮	聖人避其醉客
P3764	病則有藥	醉則無憂	飲人強藥	不得責人無禮	聖人避其醉客
周鳳五	病則無法	醉則無憂	飲人狂藥	不得責人之禮	聖人避其酒客
汪泛舟	病則無法	醉則無憂	飲人狂藥	不得責人無禮	聖人避其酒客
黑田彰	病則無樂	醉則無憂	飲人狂藥	不得責人具禮	聖人避其醉客
撰人考定	病則無樂〔8〕	醉則無憂	飲人誑藥〔9〕	不得責人無禮	聖人避其醉客〔10〕

句　數 太公家教	555	556	557	558	559
鳴沙石室	君子恐其酒仕	知者不見之過	愚夫之子多患小人過	女無明鏡	不知面上之精麁

P2564	君子恐其醉事*	智者不見人之過	愚夫好見人知恥	兵將之家	必出勇夫
P3764	君子恐其醉事*	智者不見人之過	愚夫好見人知恥	兵將之家	必出勇夫
周鳳五	君子恐其酒士	智者不見人之過	愚夫好見人恥	將軍之門	必出勇夫
汪泛舟	君子恕其醉士	智者不見人之過	愚夫好覓人之恥	將軍之門	必出勇夫
黑田彰	君子恐其醉士	智者不見人之過	愚夫好見人之恥	兵將之家	必出勇夫
撰人考定	君子恐其醉仕〔11〕	智者不見人之過〔12〕	愚夫好見人之恥〔13〕	兵將之家〔14〕	必出勇士〔15〕

句　數 太公家教	560	561		
鳴沙石室	將軍之門	必出勇夫		
P2564	學問之家	必出君子		
P3764	學問之家	必出君子		
周鳳五	博學之家	必有君子		
汪泛舟	博學之家	必有君子		
黑田彰	學問之家	必出君子		
撰人考定	博學之家〔16〕	必出君子		

〔第二十二段〕（540～561）

【校勘】

1. 周鳳五氏：參考底本鳴沙石室佚書影寫本、伯2738、伯2825、伯2981、伯3764、伯256（此處疑印刷有誤，應為伯2564）。

2. 黑田彰氏：參考羅振玉氏舊藏本、斯1163、伯2564、伯2738、伯2774、底本伯3764。

3. 撰人考定：參考羅振玉氏舊藏本、斯1163、斯3835、斯4920、斯5655、伯2564、伯2738、伯2774、伯2825、伯2981、伯3069、伯3569、伯3623、伯3764、伯3797、伯3894、伯4588。

【押韻】

使（上聲 4 紙）、子（上聲 4 紙）、理（上聲 4 紙）、婢（上聲 4 紙）、矣（上聲 4 紙）、憂（下平 11 尤）、禮（上聲 8 薺）、士（上聲 4 紙）、恥（上聲 4 紙）、夫（上平 7 虞）為韻，（紙、尤、薺、虞）。

【注解】

〔1〕欲知其君：斯 3835、伯 2774、伯 3623 作「求」；伯 3764 作「之」；羅本、斯 1163、斯 4920、斯 5655、伯 2564、伯 2981、伯 3069、伯 3797、伯 4588 作「知」。想要知道人君是否賢能，觀察他任用大臣的情況。《韓詩外傳》：「故明君之使人也，必慎其所使。既使之，任之以心，不任以辭也。」聯芳案：國家的人君是否賢能，可從其任人唯用看出端倪，智者不惑，以此可「知」也。

〔2〕視其所使：斯 3835、伯 2774、伯 3623 作「事」；斯 1163、斯 4920、斯 5655、伯 2738、伯 2981、伯 3069、伯 3764、伯 3797 作「使」。聯芳案：「事」、「使」或為音誤，承文意應取「使」也。

〔3〕欲知其父：伯 2774、伯 3623 作「欲觀其父，先觀其子」；斯 1163「知」作「智」；斯 1163、伯 2981 作「欲知其子，先觀其父」；伯 2738、伯 3764「知」作「之」或為音誤；羅本、斯 5655、伯 2738、伯 3069、伯 3764、伯 3797 作「欲知其父，先視其子」。往往從兒子的言行舉止，可以知道其父之為人。聯芳案：有所謂上樑不正下樑歪，或亦以此比之。此以「欲知其父，先視其子」較為生活化。

〔4〕欲作其木：伯 3623 作「人」；伯 2981、伯 3569、伯 4588 作「才」；斯 1163 作「林」；羅本、斯 4920、斯 5655、伯 2564、伯 2738、伯 3069、伯 3764、伯 3797 作「木」。文通紋，指紋理。聯芳案：與上例相似。此以「木」為宜。

〔5〕欲知其人：伯 2774、伯 3623 作「君」；羅本、斯 1163、斯 3835、斯 4920、斯 5655、伯 2564、伯 2738、伯 2825、伯 2981、伯 3069、伯 3764、伯 3797 作「人」。聯芳案：承上文意以「人」為宜。

〔6〕視其奴婢：伯 2738、伯 2825 作「先知」；羅本、斯 1163、斯 3835、斯 4920、斯 5655、伯 2564、伯 2774、伯 2981、伯 3069、伯 3623、伯 3764、伯 3797、伯 4588。聯芳案：欲知其人，從他和人的互動已經可以觀察，不一定需要是奴婢，但在這裡，承上文意以「視其」為宜。

〔7〕君子固窮：羅本、伯2738作「固」；斯1163、斯3835、斯4920、斯5655、伯2564、伯2774、伯2825、伯2981、伯3069、伯3623、伯3764、伯3797、伯4588作「困」。聯芳案：《論語‧衛靈公篇第十五》有示，承上文意以「固」為宜。

〔8〕病則無樂：伯2825、伯3069作「有法」；羅本、斯1163、伯2738、伯2774、伯2981、伯3623、伯4588作「無法」；伯3569作「無藥」；斯3835、伯3764作「有藥」；斯4920、斯5655、伯2564、伯3797作「無樂」。聯芳案：承上文意以「無樂」為宜，此為較傳神的說法。

〔9〕飲人詎藥：斯3835作「遠藥」；伯4588作「投藥」；羅本、斯1163、伯2738、伯3569作「詎藥」；斯4920、伯2564、伯3764、伯3797作「強藥」；斯5655作「強樂」；伯2774、伯2825、伯2981、伯3069作「狂藥」。狂與詎，俗別字之分。此詎藥指的是酒。見《晉書‧裴楷傳》：「長水校尉孫季舒嘗與石崇酣燕，慢傲過度，崇欲表免之。楷聞之，謂崇曰：『足下飲人詎藥，責人正禮，不亦乖乎？』崇乃止。」聯芳案：雖然周愚文以「強樂」為是，但是我比較同意周鳳五認為是「詎藥」，詎有欺騙之意，故飲酒之人易借酒裝瘋，言行不受控制，故取此「詎藥」。

〔10〕聖人避其醉客：醉同醉，謂君子或聖人總是能設身處地為人著想，給予機會並寬恕醉酒之人。

〔11〕君子恐其醉仕：此句分歧甚多，有伯2825作「天子恕其醉士」；伯2981作「天子恐其酒士」；伯3623、伯4588作「天子恐其酒醉之仕」；斯3835作『聖人恐其酒事』；斯1163作「君子恐其酒事」；羅本作「君子恐其酒仕」；伯2738、伯3069作「君子恐其酒士」；伯2774作「天子共其醉仕」；伯2564作「天子恐其醉士」；伯3764作「君子恐其醉事」；斯4920、伯3797作「君子恐其醉仕」；斯5655作「君子恐仕」。聯芳案：雖「事」、「仕」、「仕」造成音誤，以「君子恐其醉仕」較能承接文意，故取之。

〔12〕智者不見人之過：羅本作「知者」；伯2774、伯2981、伯3569、伯3623、伯4588作「君子」；斯3835、斯4920、斯5655、伯2564、伯2825、伯3069、伯3764、伯3797作「智者」。聯芳案：經過推敲，以「智者」較合理。

〔13〕愚夫好見人之恥：斯3835作「小人好見人之事」；羅本、伯2738、伯3069作「愚夫之子多患小人過」；伯2774、伯2981、伯3569、伯3623、伯4588 作「小人」；斯5655 作「遇夫」；斯4920、伯2564、伯3764、伯3797 作「愚夫」。聯芳案：經過推敲，或以「愚夫」合宜。

〔14〕兵將之家：羅本、伯2738作「軍將之門」；伯3069作「將軍之家」；伯2825作「軍將之家」；伯3797作「兵馬將之家」；斯3835、斯4920、斯5655、伯2564、伯2981、伯3569、伯3623、伯3764、伯4588作「兵將之家」。聯芳案：此處說法類多，但承文意以「兵將之家」說法較相宜。

〔15〕必出勇士：伯3623、伯4588、伯2564作「有」；羅本、斯4920、斯5655、伯2738、伯2825、伯2981、伯3764、伯3797作「出」。另伯2981作「士」；羅本、斯3835、斯4920、斯5655、伯2564、伯2738、伯2774、伯2825、伯3069、伯3623、伯3764、伯3797、伯4588作「夫」。聯芳案：此處若以合韻並承文意，以「士」較相宜。

〔16〕博學之家：斯3835作「問學」；斯1163、伯2981、伯3569、伯3623、伯3764、伯4588作「學問」；羅本、斯4920、斯5655、伯2564、伯2738、伯2825、伯3069、伯3797作「博學」。聯芳案：《論語・雍也》：君子博學於文。亦見於《新集文詞九經抄》：「將軍之門，必出勇士；博學之家，則有君子。」故承文意，以「博學」較相宜。

〔第二十三段〕（562～600）

句　數　　太公家教	562	563	564	565	566
鳴沙石室	博學之家	必有君子	是以人相知相道行魚	望於江湖	人無良友〔1〕
P2564	人相知於道述	魚相望於江湖	女無明鏡	不知面上之精麄	人無良友
P3764	人相知於道述	魚相望於江湖	女無明鏡	不知面上之精麄	人無良友
周鳳五	是以人相知於道術	魚相忘於江湖	女無明鏡	不知面上之精麤	人無良友
汪泛舟	人相知於道術	魚相望於江湖	女無明鏡	不知面上之精粗	人無良朋

黑田彰	人相知於道術	魚相望於江湖	女無明鏡	不知面上之精麄	人無良友
撰人考定	是以人相知於道術〔1〕	魚相望於江湖	女無明鏡	不知面上之精麄	人無良友〔2〕

句　數 太公家教	567	568	569	570	571
鳴沙石室	不知行之得失	是以結交用友	須擇良賢	寄死託孤	意重則密
P2564	不知行之虧失	是以結交朋友	須擇良賢	寄死託孤	意重則密
P3764	不知行之虧失	是以結交朋友	須擇良賢	寄死託孤	意重則密
周鳳五	不知行之虧餘	是以結交朋友	須擇良賢	寄死託孤	意重則密
汪泛舟	不知行之虧餘	是以結交朋友	須擇良賢	寄死託孤	意重則密
黑田彰	不知行之虧余	是以結交朋友	須擇良賢	寄死託孤	意重則密
撰人考定	不知行之虧餘	是以結交朋友〔3〕	須擇良賢	寄死託孤	意重則密

句　數 太公家教	572	573	574	575	576
鳴沙石室		榮則同榮	辱則同辱	難則相救	危則相扶
P2564	情薄則師	榮則同榮	辱則同辱	難則相求	危則相扶
P3764	情薄則師	榮則同榮	辱則同辱	難則相求	危則相扶
周鳳五	情薄則疏	榮則同榮	辱則同辱	難則相救	危則相扶
汪泛舟	情薄則疏	榮則同榮	辱則同辱	難則相救	危則相扶
黑田彰	情薄則疎	榮則同榮	辱則同辱	難則相救	危則相扶
撰人考定	情薄則師	榮則同榮〔4〕	辱則同辱〔5〕	難則相求	危則相扶

句　數 太公家教	577	578	579	580	581
鳴沙石室	勤是無價之寶	學是明月神珠	積財千萬	不如明解一经	良田千傾
P2564	勤是無価之報*	學是明月神朱	積財千万	不如明解經書	良田千傾

P3764	勤是無価之報*	學是明月神朱	積財千万	不如明解經書	良田千傾
周鳳五	勤是無價之寶	學是明月神珠	積財千萬	不如明解一経	良田千頃
汪泛舟	勤是無價之寶	學是明月神珠	積財千萬	不如明解一経	良田千頃
黑田彰	勤是無價之寶	學是明月神珠	積財千万	不如明解經書	良田千頃
撰人考定	勤是無價之寶〔6〕	學是明月神珠	積財千萬〔7〕	不如明解經書	良田千頃〔8〕

句　數 太公家教	582	583	584	585	586
鳴沙石室	不如薄藝隨軀	慎是護身之符	謙是百行之本	香餌之下	必懸鈎之魚
P2564	不如薄伎隨軀	慎是護身之符	謙是百行之本	香餌之下	必有懸魚
P3764	不如薄伎隨軀	慎是護身之符	謙是百行之本	香餌之下	必有懸魚
周鳳五	不如薄藝隨軀	慎是護身之符	謙是百行之本	香餌之下	必有懸魚
汪泛舟	不如薄技隨身	慎是龍宮海藏	忍是護身之符	香餌之下	必有懸魚
黑田彰	不如薄藝隨軀	慎是竜宮海藏	忍是護身之符	香餌之下	必有懸魚
撰人考定	不如薄藝隨軀〔9〕	慎是護身之符	謙是百行之本	香餌之下	必有懸魚〔10〕

句　數 太公家教	587	588	589	590	591
鳴沙石室	重賞之家	必有勇夫	之者可償	過者可誅	慈父不愛无力之子
P2564	重償之下	必有勇夫	功者可賞	過者可珠	不念無力之子
P3764	重償之下	必有勇夫	功者可賞	過者可珠	不念無力之子
周鳳五	重賞之家	必有勇夫	有功者賞	過者可誅	慈父不愛无力之子
汪泛舟	重賞之家	必有勇夫	有功者賞	有過則誅	慈父不愛无功之子
黑田彰	重賞之下	必有勇夫	功者可償	過者可誅	不念無力之子
撰人考定	重賞之家	必有勇夫	功者可賞〔11〕	過者可誅	慈父不愛不孝之子〔12〕

句　數 太公家教	592	593	594	595	596
鳴沙石室	只愛有力之奴	養男不教	為人養奴	養女不教	不如養狗

P2564	只愛有力之奴	養男不教	不如養奴	養女不教	不如養豬
P3764	只愛有力之奴	養男不教	不如養奴	養女不教	不如養豬
周鳳五	只愛有力之奴	養男不教	為人養奴	養女不教	不如養豬
汪泛舟	只愛有力之奴	養男不教	不如養驢	養女不教	不如養豬
黑田彰	只愛有力之奴	養男不教	不如養奴	養女不教	不如養豬
撰人考定	只愛有力之奴	養男不教	不如養奴〔13〕	養女不教	不如養豬〔14〕

句　數 太公家教	597	598	599	600
鳴沙石室	癡人思婦	賢女敬夫	孝是百行之本	故云其大者乎
P3764	痴人畏婦	賢女敬夫	孝是百行之本	故云其大者乎
P3764	痴人畏婦	賢女敬夫	孝是百行之本	故云其大者乎
周鳳五	癡人畏婦	賢女敬夫	孝是百行之本	故云其大者乎
汪泛舟	痴人畏婦	賢女敬夫	孝是百行之本	故云其大者乎
黑田彰	痴人畏婦	賢女敬夫	孝是百行之本	故云其大者乎
撰人考定	癡人畏婦〔15〕	賢女敬夫	孝是百行之本	故云其大者乎

〔第二十三段〕（562～600）

【校勘】

1. 周鳳五氏：參考底本鳴沙石室佚書影寫本、斯1163、斯3835、伯2981、伯3569、伯4588。

2. 黑田彰氏：參考羅振玉氏舊藏本、斯1163、斯3835、伯2738、底本伯3764。

3. 撰人考定：參考羅振玉氏舊藏本、斯479、斯1163、斯1401、斯3835、斯4920、斯5655、伯2564、伯2738、伯2825、伯2981、伯3069、伯3569、伯3623、伯3764、伯3797、伯4588、大谷本4394。

【押韻】

湖（上平7虞）、廡（上平7虞）、餘（上平6魚）、孤（上平7虞）、疏（上平6魚）、憂（下平11尤）、扶（上平7虞）、珠（上平7虞）、書（上平6魚）、軀（上平7虞）、符（上平7虞）、魚（上平6魚）、夫（上平7虞）、誅（上平7虞）、奴（上平7虞）、豬（上平6魚）、乎（上平7虞）為韻，（虞、尤、魚）。

【注解】

〔1〕是以人相知於道術：斯4920缺；參考羅本、伯2738、伯2825、伯3069、伯4588「是以」補入。另羅本作「行」；斯3835、伯27839、伯2981作「術」；斯1163、斯4920、斯5655、伯2564、伯2825、伯3069、伯3623、伯3764、伯3797、伯4588作「述」。聯芳案：承文意，以「術」為宜。

〔2〕人無良友，不知行之虧餘：伯2825作「得虧」；羅本、伯2738、伯3069作「得失」；斯3835作「盈虧」；斯1136、伯2981、伯3569、伯3623、伯4588作「虧餘」；斯4920、斯5655、伯2564、伯3764、伯3797作「虧失」。虧餘乃謂之不足與過分，此亦可解謂好壞。《百行章》：「人無良朋，無以益其志；女無明鏡，何以照其色？是以良友能揚其德也。」聯芳案：承文意，以「虧餘」為宜。

〔3〕是以結交朋友，須擇良賢：託作托解，《百行章》：「寄死託孤之徒，同遭盛衰之侶。」

〔4〕榮則同榮：伯3623作「同樂」；伯2825、伯2981、伯3569、伯4588作「共樂」；羅本、斯1163、斯3835、斯4920、斯5655、伯2564、伯2738、伯3069、伯3764、伯3797作「同榮」。《百行章》：「好則同榮，惡則同恥。」此與《太公家教》文字稍異，惟其意旨相同。聯芳案：承文意，以「同榮」為宜。

〔5〕辱則同辱：伯3569作「共憂」；伯2738、伯2825、伯3069、伯3623、伯4588作「同憂」；羅本、斯1163、斯3835、斯4920、斯5655、伯2564、伯3764、伯3797作「同辱」。聯芳案：承文意，以「同辱」為宜。

〔6〕勤是無價之寶：韓愈〈進學篇〉有云：「業精於勤，荒於嬉。」另《論語》亦云：「學也，祿在其中矣。」皆以鼓勵勤使業精，學而後能官，故以寶珠喻其可貴。

〔7〕積財千萬，不如明解經書：羅本作「一經」；伯2738、伯3623、伯4588作「詩」；斯1163、斯3835、斯4920、斯5655、伯2564、伯2825、伯2981、伯3569、伯3764、伯3797作「書」。《漢書·韋賢傳》：「代蔡燕為宰相，少子元成復以明經歷位至丞相，故鄒魯諺，『遺子黃金滿籝，不如一經』。」〔註82〕聯芳案：承文意，以「經書」為宜。

〔註82〕（漢）班固著；（唐）顏師古注：《漢書》；北京，中華書局，1962年，六月，頁3101～3105。

〔8〕良田千頃：伯2981作「百」；伯2738作「佰」；伯3569、伯3623、伯
3835、伯4588作「萬」；羅本、斯1163、斯4920、斯5655、伯2564、
伯2825、伯3764、伯3797作「千」。聯芳案：承文意，以「千」為宜。

〔9〕不如薄藝隨軀：伯2981、伯3569、伯3764作「伎」；羅本、斯1163、
斯3835、斯4920、伯2564、伯2738、伯2825、伯3623、伯3797、伯
4588作「藝」。另斯1163、伯2825、伯2981、伯3569作「身」；羅本、
斯3835、斯4920、斯5655、伯2564、伯2738、伯3623、伯3764、伯
3797、伯4588作「軀」。聯芳案：承文意，以「藝」、「軀」為宜。

〔10〕必有懸魚：羅本、斯3835、伯2825、伯3623作「懸鉤之魚」；伯2738、
伯35690作「懸釣之魚」；斯4920、斯5655、伯2564、伯2981、伯3764、
伯3797、伯4588作「懸魚」。聯芳案：承文意，以「懸魚」為宜。

〔11〕功者可賞，過者可誅：羅本作「功者可償，過者可誅」；伯2564作「有
功者償，有過者追」；伯2738作「有功者償，有過者珠」；斯3835作「有
功者償，有過者誅」；伯2981、伯3569、伯3623、伯4588作「有功者
賞，有過者誅」；斯4920、斯5655、伯2825作「功者可賞，過者可誅」。
此處或「珠」是「誅」、「償」是「賞」之形誤。聯芳案：承文意，以「功
者可賞，過者可誅」為宜。

〔12〕慈父不愛不孝之子：羅本、伯2738、伯2825作「不愛無力」；斯1163、
斯3835、伯2981、伯3623、伯4588作「不念無功」；伯3569、伯3764
作「不念無力」；斯5655作「不孝」疑有闕文；斯4920、伯3797作「不
愛不孝」。聯芳案：承文意，以「不愛不孝」為宜。

〔13〕不如養奴：伯3569作「為他」；羅本、伯2738、伯2825作「為人」；伯
3623作「不而」；斯3835、斯4920、斯5655、伯2564、伯2981、伯3764、
伯3797、伯4588作「不如」。聯芳案：承文意，以「不如」為宜。

〔14〕不如養豬：伯2981、伯3569、伯4588作「驢」；羅本作「狗」；斯3835、
斯4920、斯5655、伯2738、伯2825、伯3623、伯3764、伯3797作
「豬」。聯芳案：承文意，以「豬」為宜。

〔15〕癡人畏婦：斯1163作「愚人」；斯3835、伯2564、伯3797作「癡兒」；
羅本、斯4920、斯5655、伯2738、伯2825、伯2981、伯3623、伯3764、
伯4588作「癡人」。聯芳案：承文意，以「癡人」為宜。

〔跋〕（601～613）

句　數　太公家教	601	602	603	604	605
鳴沙石室	余之志也	四海為宅	五常為家	不驕身體	不慕榮華
P2564	余知志也	五常*為家	四海為擇*	不驕身意	不樂榮華
P3764	余知志也	五常*為家	四海為擇*	不驕身意	不樂榮華
周鳳五	余之志也	四海為宅	五常為家	不驕身體	不慕榮華
汪泛舟	余之志也	四海為宅	五常為家	不思恩愛	不慕榮華
黑田彰	余之志也	四海為宅	五常為家	不驕身意	不樂榮華
撰人考定	余之志也	四海為宅〔1〕	五常為家	不驕身體〔2〕	不慕榮華〔3〕

句　數　太公家教	606	607	608	609	610
鳴沙石室	食不重味	衣不絲麻	唯貪此書一卷	不用黃金千車	集之數韻
P2564	食不重味	衣不純麻	唯貪此書一卷	不用黃金千車	集之數韻
P3764	食不重味	衣不純麻	唯貪此書一卷	不用黃金千車	集之數韻
周鳳五	食不重味	衣不絲麻	唯貪此書一卷	不用黃金千車	集之數韻
汪泛舟	食不重味	衣不絲麻	唯貪此書一卷	不用黃金千車	集之數韻
黑田彰	食不重味	衣不純麻	唯貪此書一卷	不用黃金千車	集之數韻
撰人考定	食不重味〔4〕	衣不純麻〔5〕	唯貪此書一卷	不用黃金千車	集之數韻〔6〕

句　數　太公家教	611	612	613	
鳴沙石室	未辨疵瑕	本不呈於君子	意欲教於童兒	太公家教一卷
P2564	未辯玼瑕	本不呈於君子	意欲教於童兒	後接《武王家教》
P3764	未辯玼瑕	本不呈於君子	意欲教於童兒	後接《武王家教》
周鳳五	未辨玼瑕	本不呈於君子	意欲教於童兒	太公家教一卷
汪泛舟	未辨玼瑕	本不呈于君子	意欲教于童兒	太公家教一卷

黑田彰	未弁玼瑕	本不呈於君子	意欲教於童兒		
撰人考定	未辯玼瑕	本不呈於君子〔7〕	意欲教於童兒		

句　數					
太公家教					
鳴沙石室					
P3764	天復九年（909）己巳歲十一月八日學士郎張允平時寫記之耳				
周鳳五					
汪泛舟					
黑田彰					
撰人考定					

〔跋〕（600～613）

【校勘】

1. 周鳳五氏：參考底本鳴沙石室佚書影寫本、斯 1163、斯 3835、斯 4920、斯 5655、伯 2564、伯 2600、伯 2825、伯 3764。

2. 黑田彰氏：參考：斯 3835、伯 2825、底本伯 3764。

3. 撰人考定：參考斯 1163、斯 1401、斯 3835、斯 4920、斯 5655、伯 2564、伯 2600、伯 2825、伯 3764、伯 3797。

【押韻】

家（下平 6 麻）、華（下平 6 麻）、麻（下平 6 麻）、車（上平 6 魚）、瑕（下平 6 麻）、兒（上平 4 支）為韻，（麻、魚、支）。

【注解】

〔1〕四海為宅，五常為家：斯 1163、斯 3835、伯 2825、伯 3674 作「常」；斯 4920、斯 5655、伯 2564、伯 3797 作「帝」。典出《尚書·大禹謨》：「文命敷於四海」又據唐孔穎達疏：「五常即五典，謂父義、母慈、兄友、弟恭、子孝，五者，人之常行。」聯芳案：守五常，發於人心，培養人心更必須從孝弟開始，使孝弟之道推行，成為通行於人群之大道。承文意，以「五常」為宜。

〔2〕不驕身體：斯 3835 作「不思恩愛」；伯 2825、伯 3764 作「不驕身意」；
　　　伯 2564 作「不驕身體」；斯 4920、斯 5655、伯 3797 作「不嬌身體」。
　　　聯芳案：承文意，以「驕」為宜。

〔3〕不慕榮華：斯 1163、斯 3835、斯 5655、伯 2564、伯 2825、伯 3764、
　　　伯 3797 作「樂」；斯 4920 作「慕」。聯芳案：承文意，以「慕」為宜。

〔4〕食不重味：形容吃飯不用兩種以上的菜餚，穿衣也不追求絲麻製品，生
　　　活無所要求。

〔5〕衣不純麻：伯 2825 作「純絲」；斯 3835 作「絲麻」；斯 1163、斯 4920、
　　　斯 5655、伯 2564、伯 3764、伯 3797 作「純麻」。聯芳案：承文意，以
　　　「純麻」為宜。

〔6〕集之數韻……：凡數韻，係指全書約 305 韻，613 句言，2700 字左右；
　　　作者自謙，喻《太公家教》中的缺點與不足。

〔7〕本不呈於君子：此為本書「跋」，亦是最後的一句。有 6 韻、13 言、60
　　　字。但羅振玉氏卷後缺「跋」，其《太公家教一卷》書名，是抄於正文
　　　之末。

第六章 《太公家教》思想教育之意義

　　思想教育之意義主要通過對被管理者的思想、心理、行為等進行教育，如《論語・衛靈公》有云：「子曰：『有教無類。』」〔註1〕和《荀子・勸學》：「生而同聲，長而異俗，教使之然也。」還有《孟子・梁惠王上》提到：「謹庠序之教。」〔註2〕原來以思想和教育對童兒輔以誘導和激勵等手段，再以理性和有機性的目的激發和建立童兒之主觀意識，作為未來實現理想和行為動機之有效方法。其正確的積極目的主張以人為本、尊重人的價值、尊嚴、情感和信仰追求，建立其良好的人際關係。使可謂蒙養以正心，心正而受教，教受於窮理，理明可修身，身修而齊家，家齊能治國，國治天下平。如朱熹（1130～1200）〈大學章句序〉有云：

> 《大學》之書，古之大學所以教人之法也。蓋自天降生民，則既莫不與之以仁義禮智之性矣。然其氣質之稟或不能齊，是以不能皆有以知其性之所有而全之也。……三代之隆，其法寖備，然後王宮、國都以及閭巷，莫不有學。人生八歲，則自王公以下，至於庶人之子弟，皆入小學，而教之以灑掃、應對、進退之節，禮樂、射御、書數之文。……夫以學校之設，其廣如此，教之之術，其次第節目之詳又如此，而其所以為教，則又皆本之人君躬行心得之餘，不待求之民生日用彝倫之外。是以當世之人無不學，其學焉無不有以知其性分

〔註1〕（宋）朱熹撰，金良年今譯：《四書章句集注》，上海，上海古籍出版社，2006年8月。（2009.3重印），上冊220頁。

〔註2〕《古代漢語字典》編委會編：《古代漢語字典》；北京：商務印書館國際有限公司，2013年8月，437～438頁。

之所固有，職分之所當為，而各俯焉以盡其力。……〔註3〕

誠如朱子所言，既道出時代教育之重要，若使君子不幸不得聞大道之要，小人不幸不得蒙至治之澤，再遇世道沈淪，終將晦盲否塞，反覆沈痼，終見五季之衰，壞亂極矣，此即為何自中古晚唐以降，歷經五代、宋、元甚至明代，仍受民間歡迎之啟蒙教材之《太公家教》，雖在宋、明理學教育的衝擊下逐漸褪色無光，但它所被賦予的歷史使命和思想教育，以今日角度審視《太公家教》的流行，因為它實為當時童塾啟蒙思想教育之重中之重。

第一節　《太公家教》之思想教育與成果

童蒙教材的思想教育設計本為配合與反應時代政治潮流下的需要而不斷演進，其目的不外乎傳達立身處世、應對進退之人生準則，內容更多以忠、孝、仁、義、悌、謹、信、讓等儒家人格為道德修養標準。但自唐以降，敦煌遺書《太公家教》屬於民間童蒙教材，故不見載於史志目錄，卻默默以蒙養讀物角色教育童兒，其對學童人格之養成、知識之建立，扮演著思想教育的重要角色，故過往坊間學者專家對其間有論述。

如臺灣蒙學權威學者鄭阿財著《敦煌蒙書析論》〔註4〕，分析並道出唐代教育史料之文獻載籍大多均詳於官學，當時私學雖亦昌盛，惜民間流行蒙書之編撰乃未經頒敕，故其實況不甚明瞭，惟今私學童蒙教材所傳多為宋元明清版本，故當近世敦煌石室遺書再現六朝、唐、五代之蒙書寫本，吾等方得機會，略窺唐代民間教育之梗概，姑可藉此以考察古代民間蒙書發展與演進之實。察1990年《敦煌蒙書析論》發表之時，鄭氏已隨潘師重規先生鑽研敦煌學逾20年，並同其夫人朱鳳玉女士合作，針對敦煌遺書之蒙書研究實況、體式、體類、特色、淵源和思想價值等，加以廣泛收錄和辨別，評估各家在蒙書發展史上之地位，彼二人一直以來為敦煌學所出之力、所用之功遠非一般專家學者可及，其研究結果更有其獨到之處。故本章節之論述，除主要以鄭、朱二氏之研究基礎，再加周愚文氏對敦煌蒙書研究發現，將其等之成果引用、統合並加以發揮，希望能進一步並清楚論述《太公家教》思想教育之意義。

〔註3〕（宋）朱熹撰，金良年今譯：《四書章句集注》，上海，上海古籍出版社，2006年8月。（2009.3重印），上冊3～4頁。
〔註4〕鄭阿財著：《敦煌蒙書析論・敦煌學國際研討會論文集》第2屆；臺北市，漢學研究中心，1990年7月，頁211～212。

又如余嘉錫（1884～1955）《內閣大庫本碎金跋》曾云：

> 古之小學，未嘗絕也。析而言之，可分三派。一曰字書，其源
> 出於周興嗣（469～537），積字成篇，篇無複字，初學籀，誦其文詞，
> 臨摹其形體……。二曰蒙求，其源出於李翰，屬對類事，編成音韻，
> 易於諷誦，不出巷而知天下……。三曰格言，其源出於《太公家教》，
> 廣陳法戒，雜以俗語，使童蒙於次養正，淺識視為著蔡……。蓋自
> 唐宋以來，幼童之諷誦，不出三者，世儒不明斯義，獨以《爾雅》、
> 《說文》、《切韻》等書蒙小學之名。於是蒙求格言之屬乃無類可歸，
> 或入類書，或入儒家，甚且薄視之，以為俗書不著於錄，非所以辨
> 章學術也。〔註5〕

根據鄭阿財論余嘉錫先生之跋文，言其蒙書性質、類別源流已作明確論述，後又有張志公（1918～1997）《傳統語文教育初探》，以唐代為教育發展之關鍵期，清楚將唐代蒙書分類為識字類、思想類和知識類三大類。再有蔡馨慧《唐代敦煌寫本〈太公家教〉的儒家德育思想析探》〔註6〕一文，為近代海內外學者專家研究《太公家教》中，較突出亦較例外地將蒙書研究主旨設於道德思想，試以儒家教育世俗化之轉型角度，探討《太公家教》對後世蒙書編寫之影響。

聯芳案：從上述各文所述，《太公家教》自唐以降，傳承儒家道德思想暨傳統禮教，將朗朗上口的四言、五言等韻語之語言藝術在民間作口語形式表達，一邊又以口耳相傳，要求學童抄寫複頌，目的冀傳達亂世中修身處世的人生智慧，並意味深長地希望從複述而熟記禮教制約思想之重要，間接執行其思想教育的目的。故其成為中唐、五代至北宋時期深入民間的童蒙讀物，從藏經洞發現敦煌遺書眾多手抄寫本中的《太公家教》，就以蒙書而論，其發現寫本數量可謂最多，直接證明《太公家教》應是當時最廣泛傳播儒家道德教育思想之蒙書和教化人心的最佳媒介和工具。《太公家教》全文分三部分：序文一段31句139字；次為正文23段，281句2462字；最後為跋文一段，13句60字。然敦煌石室遺書中的《太公家教》，宋王明清《玉照新志》貶斥其通俗粗鄙，故史志多不著錄，依余氏跋言，其實《太公家教》類於格言，而蒙求之屬隸故事，方便

〔註 5〕余嘉錫《余嘉錫論學雜著》；臺北：河洛圖書出版社，1976 年 3 月，頁 605～
606。

〔註 6〕蔡馨慧撰：《唐代敦煌寫本〈太公家教〉的儒家德育思想析探》；臺灣，《嶺東
通識教育研究學刊》第三卷第四期，2010 年 8 月，頁 99～127。

記誦；韻文體，四字一句，兩句一韻，利於兒童記誦，全文約二千六百字，體例謹嚴存古意；汎於唐、五代之時，文廣陳法戒，就因其雜以俗語，故易童蒙養正，進而淺識著蔡，此蒙求格言，辨章學術，既入類書、亦為儒家，兼時代產物暨正亂世之篇，誠可言《太公家教》於思想教育之影響實可謂大矣哉！

另探討蔡馨慧其論文所研究可得，因《太公家教》是以傳承儒家道德思想暨傳統禮教，朗朗上口的以四言韻語的語言藝術表達下，冀從民間口耳相傳後和抄寫背誦，傳達亂世中修身處世的人生智慧，意味深長的講述禮教制約，可謂是中唐、五代至北宋時期既普遍、又通俗的童蒙教材，亦因為敦煌遺書眾多寫本中《太公家教》的發現，從其手抄本的發現數量，間接證明蒙書《太公家教》應是當時最為廣泛傳播儒家道德教育思想和教化人心的最佳媒介和工具。又有鄭志明撰《敦煌寫本家教類的庶民教育》〔註7〕，特別以《太公家教》編纂目的「依經傍史，約禮時宜」，強調在庶民教育與風俗教化的功能與作用中，如何配合時代風氣與社會禮俗的道德規範下，達到社會教化的思想意義，更提出1. 道德教化下的威權心態；2. 無為教化下的避世心態；3. 因緣教化下的報應心態；4. 庶民教育的社會教化功能。聯芳案：綜合以上兩位學者的研究發現，各有其新穎創新的看法，如蔡氏提出探討儒家教育世俗化的轉型對後世蒙書編寫的影響，和鄭氏強調在庶民教育與風俗教化的功能與作用中，時代風氣與社會禮俗道德規範下，如何達到社會教化的思想意義，以上皆為創見和成果，值得關注與深入研究。

參考與綜合蔡、鄭氏上述二家所言，藉此將敦煌蒙書《太公家教》進一步闡述，擬從其思想教育與成果的積極性和消極性作為切入點，其積極意義可類分為四，即1. 忠君孝親；2. 內省自思、恭敬承讓；3. 勸人勤學，辨善去惡；4. 修身立命、行禮得宜。而消極意義有五點：1. 威權意識；2. 男尊女卑；3. 忍讓避世；4. 明哲保身；5. 因緣果報。現以《太公家教》為例舉（標註段落和序號），並配合說明，闡述如下：

一、積極意義

（一）忠君孝親

「孝」是諸德之本，《孝經・聖治章第九》有云：「天地之性，人為貴；人

〔註7〕鄭志明撰：《第二屆敦煌學國際研討會論文集・敦煌寫本家教類的庶民教育》；敦煌，1990年，頁125～144頁。

之行，莫大於孝，孝莫大於嚴父。」故國君用孝理國，臣亦用孝立身理家，保持爵祿。孝治主德，聖治主威，德威並重，方成聖治。故儒家提倡孝道觀，為人立身之本、齊家之要和治國之道。《孝經・士章第五》又云：「故以孝事君，則忠；以敬事長則順。」〔註8〕蔡氏以唐玄宗親注《孝經》為例，指出帝王以身體力行提倡孝道教化，再轉移為忠君愛國之道。歷代帝王如晉元帝、晉孝帝、梁武帝、梁簡文帝等皆倡導《孝經》，此皆為中國君王提倡孝道文化的表率。〔註9〕聯芳案：故民間倡行「百善孝為先」，師以蒙書教化兒童忠君孝親思想，潛移默化，將中國社會崇尚的儒家孝道思想，注入童蒙教材，以為立身處世之本，人能盡孝才能盡忠，甚而移孝作忠的「忠君孝親觀念」，表現在歷代中國「忠孝合一」的政教特色。

　　《太公家教》在唐朝政府和社會影響下極為重視孝道思想，唐高宗將《孝經》列為科舉考試科目，玄宗更親注《孝經》，如此的積極推動，使儒家忠君孝親思想成為當時民間的中心思想。《太公家教》中闡述忠孝思想的文句，有如下二例：

　　第一段〔39～44〕

　　事君盡忠，事父盡敬。禮聞來學，不聞往教。捨父事師，必望功効。

　　第二段〔51～66〕

　　孝子事父，晨醒暮參，知飢知渴，知暖知寒，憂則共戚，樂則同歡。父母有疾，甘美不湌，食無求飽，居無求安，聞樂不樂，聞喜不看，不修身體，不整衣冠，父母疾瘠，整亦不難。

　　聯芳案：中國傳統社會講求以儒家孝道為核心，以三綱五常的傳統倫理維繫家庭，教導庶民盡忠行孝的責任，其行孝方式更注重身體力行，從日常生活上對父母的奉養照顧，子女發自內心的關懷，彰顯內外一體的孝行。家庭社會的和諧既可穩定人心，又可教化庶民，故《太公家教》或間接達到其積極思想教育的結果，疑此類通俗的童蒙讀物，有可能成為唐代道德教育和穩定社會的另一種力量。

〔註8〕唐李隆基注：《孝經注疏》；台北，新文豐出版社，2001年6月出版，卷2，頁56。

〔註9〕蔡馨慧撰：《唐代敦煌寫本〈太公家教〉的儒家德育思想析探》；臺灣，《嶺東通識教育研究學刊》第三卷第四期，2010年8月，頁99～127。

（二）內省自思、恭敬承讓

《太公家教》的道德觀念，蔡氏認為是以保守態度傳承中國儒家思想，從日常生活個人禮節出發，既教導世俗大眾從內省的層面，培養應有的禮儀規範，又鼓勵以儒家恭敬承讓之思想教育人民，從衣食住行的禮儀規範養成習慣，貫徹謹言慎行的人生智慧，灌輸敬老尊賢，敬上愛下，自愛愛人，親民互動的良好關係，期能達到社會和諧進步，視聽言行「止乎於禮」的身教思想。〔註10〕聯芳案：雖然《太公家教》看似保守，但其從「內省自思」出發，鍛鍊人格養成「恭敬承讓」的態度，實乃積極教化的教育思想，誠為今日香港社會應借鏡和學習之處。如下三例：

第六段〔144～161〕

其父出行，子須從後，路逢尊者，齊腳斂手。尊者賜酒，必須拜受；尊者賜肉，骨不與狗；尊者賜菓，懷核在手，勿得棄之，為禮大醜。對客之前，不得叱狗；對食之前，不得唾地，亦不得漱口。憶而莫忘，終身無咎。

第十四段〔314～337〕

與人共食，慎莫先嘗；與人同飲，莫先把觴；行不當路，坐不背堂；路逢尊者，側立道傍；有問善對，必須審詳。子從外來，先須就堂，未見尊者，莫入私房；若得飲食，慎莫先嘗，饗其宗祖，始到爺娘，次霑兄弟，後及兒郎。食必先讓，勞必先當；知過必改，得能莫忘。

第十五段〔338～347〕

與人相識，先政容儀，稱名道字，然後相知；倍年以長，則父事之，十年以長，則兄事之，五年以長，則肩隨之。

聯芳案：亂世之中，常會發生道德敗壞、世風日下，嚴重的社會問題等，歸根究底無非有人擅權故做出遮上瞞下、任意妄為、危害國家和社會利益等情事，我們若進一步觀其言察其行，此類人行事多自私自利，故《太公家教》的訓示，希望在道德教育上施予感化，使普遍的世俗大眾，願意遵行內省自思、恭敬承讓的儒家道德教化，秉持誠懇開放的處事原則，達到進退有據、舉止有度、處世得體、謙恭有禮和與人為善的思想教育，實際落實和改善百姓的道德思想。

〔註10〕 蔡馨慧撰：《唐代敦煌寫本〈太公家教〉的儒家德育思想析探》；臺灣，《嶺東通識教育研究學刊》第三卷第四期，2010 年 8 月，頁 99～127。

（三）勸人勤學，辨善去惡

　　唐代科舉制度下帶動的讀書風氣，蔡氏認為不論官宦士族或平常百姓，都希望藉由科舉一登龍門，光宗耀祖，改變命運，所以敦煌雖位處西陲，學習風氣一樣非常鼎盛。〔註11〕故《太公家教》勸人勤學之餘亦加強世俗百姓的道德教育，望能促進儒家思想的普及，更間接散播儒家道德教育的核心理念，人民能有分辨是非善惡，清楚行善避惡的正面價值。

　　一樣傳播儒家「勤學」觀念，有如敦煌蒙書《雜鈔》有云：「論始欲學之事。昔晉平公問師曠曰：『吾年六十，始欲學道，恐年將暮矣，如之何？』師曠對曰：『小而學之，由日出東；長而學者，如日中之光；老而學者，如燈焰之光。人生不學，冥冥入夜行。』」

　　以上勸人勤學的文字內容與《太公家教》竟不約而同，可知勤學亦影響其他蒙書的道德教育，「萬般皆下品，唯有讀書高」，任何人唯有透過勤學苦讀，獲取功名，才能改變身分地位，扭轉命運。不過此種偏執心態所灌輸的，又和上面講求終身學習有所不同，但無論如何，勤學教化人民學習的意願，應該也是儒家思想在敦煌普及的原因。如下六例：

1. 勸人勤學

第二十一段〔510～525〕〔536～539〕

近鮑者臭，近蘭者香；近愚者闇，近智者良。明珠不瑩，焉發其光；人生不學，言不成章。小而學者，如日出之光；長而學者，如日中之光；老而學者，如日暮之光；人生不學，冥冥如夜行。

行來不遠，所見不長；學問不廣，智惠不長。

第二十三段〔577～582〕

勤是無價之寶，學是明月神珠；積財千萬，不如明解經書；良田千頃，不如薄藝隨軀。

2. 辨善去惡

第一段〔47～48〕

善事須貪，惡事莫樂。

第五段〔116～135〕

見人善事，必須讚之；見人惡事，必須掩之；鄰有災難，必須救之；見人

〔註11〕蔡馨慧撰：《唐代敦煌寫本〈太公家教〉的儒家德育思想析探》；臺灣，《嶺東通識教育研究學刊》第三卷第四期，2010年8月，頁99～127。

鬥杖（同打），必須諫之；見人不是，必須語之；好言善述，必須學之；意欲去處，必須審之；不如己者，必須教之；非是時流，必須棄之；惡人欲染，必須避之。

第十三段〔294～303〕

近朱者赤，近墨者黑；蓬生麻中，不扶自直；白玉投泥，不污其色；近佞者諂，近偷者賊；近愚者癡，近賢者德；近聖者明，近淫者色。

第十五段〔348～351〕

三人同行，必有我師焉，擇其善者而從之，其不善者而改之。

第二十一段〔534～535〕

行善獲福，行惡得殃。

聯芳案：《太公家教》教導學習之重要性，更提出學習要盡早開始，使童兒獲得充分知識才能確保生活品質；而且學習不應分年紀，終身記住時刻都要虛心地學習，才能保持進步；最重要是學習的對象，不應僅侷限於書本，更應該擴及外在事物的體認和觀察，應多親近智者以增長知識，明白人生擁有知識和技藝，遠勝於擁有良田美宅，技藝無價的觀念。勸人勤學的同時，更勸人行善避惡。鼓勵人民應該抱持開放態度，學習技能換取資源，適當應對進退的人生知識和如何妥善處理做人處世的人際關係，先清楚分辨是非善惡，多親近善人、賢者、聖人，從為善去惡的道德思想教育，明白趨善避惡，適時揚善止惡，在亂世中只有這種積極出世教化庶民道德思想的方法，才可入世的以德化人。

（四）修身立命、行禮得宜

孔子以禮教人，從修身進德、禮樂教化、判斷是非、追求美善，人人皆有惻隱之心，達到成聖成賢的人格修養，但這只是理想，孔子明白當時環境和現實社會的實際情形是「禮樂崩壞」，但施以思想教育的意義即在針對現實考量，制定一套「約禮時宜、依經傍史」的良好規範，讓人民在亂世與困境中仍對生活充滿希望與期待，誘發生命自動自覺的機制，為追求完美，創造更美好的明天和更好的自己而努力。如下五例：

1. 修身立命

第四段〔104～115〕

財能害己，必須遠之；酒能敗身，必須戒之；色能致害，必須去之；忿能積惡，必須忍之；心能造惡，必須裁之；口能招禍，必須慎之；

第五段〔116～143〕

見人善事，必須讚之；見人惡事，必須掩之；鄰有災難，必須救之；見人
鬥打，必須諫之；見人不是，必須語之；好言善述，必須學之；意欲去處，
必須審之；不如己者，必須教之；非是時流，必須棄之；惡人欲染，必須
避之。羅網之鳥，悔不高飛；吞鈎之魚，恨不忍飢；人生誤記，恨不三思；
禍將及己，悔不慎之。

2. 行禮得宜

第一段〔27～38〕

禮上往來，尊卑高下，得人一牛，還人一馬；往而不來，非成禮也，來而
不往，亦非禮也；知恩報恩，風流儒雅，有恩不報，豈成人也。

第四段〔86～103〕

常令自慎，勿得隨宜。言不可失，行不可虧。他籬莫越，他事莫知。他貧
莫笑，他傔莫道。他戶莫窺，他財莫取。他色莫思，他強莫觸。他弱莫欺。
他弓莫挽，他馬莫騎。弓折馬死，償他無疑。

第十五段〔356～357〕

小人為財相殺，君子以德義相知。

聯芳案：從以上《太公家教》之範例可見，其德化庶民之教育思想在日常
生活中尊重他人，小隱於野，大隱於市，知恩圖報，隱惡揚善，戒慎戒恐。《太
公家教》以儒家恭敬承讓思想貫徹於日常生活，從衣食住行教導百姓應有的禮
儀規範，培養其道德意識，灌輸敬上愛下、自愛愛人、推己及人的人倫概念。
雖為民間儒家童蒙教科書，但教育對象以學童和大眾為主，內裡含藏之道德教
化，深入而廣泛的適用於世俗大眾，其人倫禮節的實踐與應用，有助培養和提
升百姓之道德品格，促使社會和諧共處。以上實為《太公家教》在思想教育與
成果的積極意義展現，值得我們再三咀嚼其中意蘊。

二、消極意義

理解其如何從儒家道德思想與修身處世的意義去分析《太公家教》的教化
和德育思想，從蔡氏論文之切入點，重點在教民避開物欲引誘、忍讓退避取得
妥協、確保生命的安定，但她又表述《太公家教》亦以「明哲保身」的消極思
想，實現儒家灌輸「安時順命」的修身涵養；還有道家「守柔無為」的態度，
反省突破困境，減少人我衝突關係，穩定生命和諧的想法。故在此大前提之下，

讓我們進一步了解《太公家教》另一面的消極意義，為：1. 威權意識；2. 男尊女卑；3. 忍讓避世；4. 明哲保身；5. 因緣果報。

（一）威權意識

鄭氏云：「儒家思想的道德意識藉由家訓文學的傳授，將禮教規範的主導潛移默化在教材中執行，由於儒家的道德生命是通天人、貫物我。」一如錢穆先生在《論語新解》有云：「禮有內心，有外物，有文有質。內心為質為本，外物為文為末。」〔註12〕但是《太公家教》亦是當時社會思想俗話的結晶。若根據鄭氏所云：「非僅沒有儒家道德的終極理想人格，反而受到現實利益的牽制，形成反對破壞既有秩序之不妥協性的權威人格。」故在文中出現對平民的階級差別待遇，表面上的思想教育似是要求人民潔身自愛，實際存在「學在官府」與「貧富貴賤」的階級歧視，如下例：

第七段〔162～181〕

立身之本，義讓為先。賤莫與交，貴莫與親。他奴莫與語，他婢莫與言。商販之家，慎莫為婚；市道接利，莫與為鄰。敬上愛下，汎愛尊賢；孤兒寡婦，特可矜憐。乃可無官，不得失婚。身須擇行，口須擇言。惡人同會，禍必及身。

聯芳案：儒家思想的錯用在各時代與各文化中，產生的異化現象，或為威權意識的操弄與作祟，產生的另一種消極思想教育，此應非儒家思想的真義。封建制度下的中國社會，甚難跳脫出現實中尊卑貴賤的框架，到處充斥貧富懸殊階級性的差距，所以人際關係存在著身份差異和對立，這種觀念和型態在現實生活和傳統上常常造成牢不可破的思想錯誤，卻又歷歷代代箝制著人性而無法掙脫，或許老百姓只能以消極的態度妥協和默默等待找到改變命運的機會。

（二）男尊女卑

男尊女卑的傳統觀念一直深植人心而且根深蒂固，直到近百年的女權運動，才使女性抬頭。不管在政治、經濟、文化、教育、社會和家庭生活等有關方面，過往婦女的權利被剝奪、被漠視，視為次等地位，〔註13〕這或許又是痛

〔註12〕錢穆著：《論語新解》；臺北市：東大圖書，2015，頁59。
〔註13〕鄭志明撰：《第二屆敦煌學國際研討會論文集·敦煌寫本家教類的庶民教育》；敦煌，1990年，頁125～144頁。

苦的誤會，鄭氏的詮釋說得好：「以為是儒家思想箝制了婦女的地位，但是從女性的天性來看，應該是中國女性委曲求全、顧全大局的天性使然，遷就與現實的和諧委婉巧變下的容忍性格，最後成為男權社會下的犧牲者」。如範例：

第八段：〔188～189〕

女年長大，莫聽遊走。

第九段：〔202～213〕

婦人送客，莫出閨庭；所有言語，下氣低聲；出行逐伴，隱影藏形；門前有客，莫出齊聽；一行有失，百行俱傾；能依此禮，無事不精。

第十段〔214～233〕

新婦事君，同於事父。音聲莫聽，形影不覷。夫之父兄，不得對語。孝養翁婆，敬事夫主。汎愛尊賢，教示男女。行則緩步，言必少語；勤事女紅，莫學歌舞；小為人子，長為人父。出則斂容，動則庠序。敬慎口言，終身無苦。

聯芳案：孔子在《易經》中有：「天尊地卑，乾坤定矣。卑高以陳，貴賤位矣。……乾道成男，坤道成女。」孔子以探討宇宙中天體運動的規律，並講述傳統文化中，天地萬物各自占有的重要地位。《太公家教》亦相當重視家庭的倫理體系，疑過份抬高父子間的父權和夫妻間的夫權，文章呈現一面倒以男權為重心的倫理社會，似乎背離儒家男有分、女有歸的夫妻和諧共處，女性僅能依靠現實環境，依附於男權之下。其消極面和教育意義實予女性極為無奈與卑微之對待，此疑是《太公家教》未能正確闡述儒家思想精義之缺陷。

（三）忍讓避世

原本「忍讓」、「慎行」為儒家思想修養真功夫，魏晉六朝以來，為適應中國社會的世態民情，參雜道家思想，以「虛靜觀照」的智慧，以「守柔無為」的修養入世修行，朝代之變遷，戰事之蔓延，政治、社會的權利引誘，無法拒絕外在私慾，以招致災禍降臨，為控制內心慾望，作者希望借《太公家教》制定出的蒙書規範，以防止行為偏差的教育思想，希望以消極態度可以從此避免災難的降臨。如範例：

第十六段〔358～393〕

欲求其長，必取其短；欲求其圓，先取其方；欲求其強，先取其弱；欲求其剛，先取其柔；欲防外敵，先須內防；欲量他人，先須自量；欲揚人惡，先須自揚；傷人之語，還是自傷。凡人不可貌相，海水不可斗量；茅茨之

下，必出公王，蒿艾之下，必有蘭香。助祭得食，助鬥得傷；仁慈者壽，凶暴者亡。清清之水，為酒所傷。聞人善事，乍可稱揚；知人有過，密掩深藏；是故罔談彼短，靡恃己長。

第十七段〔404～409〕

蛟龍雖聖，不能殺岸上之人；刀劍雖利，不斬無罪之人；羅網雖細，不能執無事之人。

第二十三段〔583～584〕

慎是護身之符，謙是百行至本。

聯芳案：雖然《太公家教》制定一套適合庶民修身的道德規範，但是人性是最難預料的，消極的忍讓退避或只能躲一時災禍，並非最好的思想教育。更何況做為教養童蒙的工具，消極面和積極面實為相對性的一體兩面，亂世中若以避無可避的態度去承受命運的考驗，為何不以積極的態度迎難而上，活出自我。舉例而言：如上第十六段的表述在敦煌寫本中就有「欲求其長，必取其短」或「欲求其短，先取其長」二者不同版本，孰優孰劣，智者一見即知之。

（四）明哲保身

第四段〔85～115〕

教子之法，常令自慎，勿得隨宜。言不可失，行不可虧。他籬莫越，他事莫知。他貧莫笑，他病莫欺。他儉莫道，他戶莫窺。他財莫取，他色莫思。他強莫觸，他弱莫欺。他弓莫挽，他馬莫騎。弓折馬死，償他無疑。財能害己，必須遠之。酒能敗身，必須戒之。色能致害，必須去之。忿能積惡，必須忍之。心能造惡，必須裁之。口能招禍，必須慎之。

第十五段〔352～357〕

滯不擇職，貧不擇妻。飢不擇食，寒不擇衣。小人為財相殺，君子以德義相知。

第十六段〔368～375〕〔378～393〕

欲量他人，先須自量。欲揚人惡，先須自楊。傷人之語，還是自傷。凡人不可貌相，海水不可斗量。

蒿艾之下，必有蘭香。助祭得食，助鬥得傷。仁慈者壽，凶暴者亡。清清之水，為酒所傷。聞人善事，乍可稱陽。知人有過，密掩深藏。是故罔談彼短，靡恃己長。

聯芳案：此處《太公家教》其本意或為教導童兒應量力而為，凡事三思而

行，先想後果才採取行動，字面上或可理解是積極性的教育思想，但在一連串的陳述，卻產生極其消極思想教育的無奈感，讀者或自知無法承擔後果，困於消極一面，往往以承受命運權勢的打壓而鬱鬱終了，此結果或應為《太公家教》作者始料未及。如《詩經·大雅·烝民》云：「肅肅王命，仲山甫將之。邦國若否，仲山甫明之。既明且哲，以保其身。夙夜匪懈，以事一人。」以上所言，句句鏗鏘，士為知己者死，積極性與消極性在命運面前，成者為王、敗者為寇，結果不過如此。

（五）因緣果報

「因緣」「果報」二詞皆佛教語，起源於佛教的宿命論。對萬物運行中，事物產生結果的直接原因和間接促成結果的條件和力量，輪迴不已，故望以不斷地「修行」，加以改正。如宋蘇軾〈予以事繫御史監獄……故作二詩以遺子由〉曾言：「與君世世為兄弟，更結來生未了因。」但任何人因緣之起與滅，何時圓滿，實在於當下可否做到「利益眾生」，在此之消極意義的做法以「回報」、「不欠」為之。

第一段〔29～38〕〔45～50〕

得人一牛，還人一馬。往而不來，非成禮也。來而不往，亦非禮也。知恩報恩，風流儒雅。有恩不報，豈成人也。

先慎口言，卻整容貌。善事須貪，惡事莫樂。直實在心，勿行虛教。

第五段〔120～127〕〔130～143〕

鄰有災難，必須救之；見人鬪打，必須諫之。見人不是，必須語之。好言善述，必須學之。

不如己者，必須教之。非是時流，必須棄之。惡人欲染、必須避之。羅網之鳥，悔不高飛。吞鈎之魚，恨不忍飢。人生誤記，恨不三思。禍將及己，悔不慎之。

第十八段〔418～437〕〔442～457〕

寬則得眾，敏則有功。以法治人，人則得安。國信讒言，必煞忠臣。治家信讒，家必敗亡。兄弟信讒，分別異居。夫妻信讒，男女生分。朋友信讒，必至死怨。天雨五穀，荊棘蒙恩。抱薪救火，火必盛炎。揚湯止沸，不如棄薪。

貪心害己，利口傷身。瓜田不整履，李下不整冠。聖君雖渴，不飲盜泉之水。暴風疾雨，不入寡婦之門。孝子不隱情於父，忠臣不隱情於君。法不

加於君子，禮不下於小人。君清則用文，君濁則用武。多言不益其體，百伎不妨其身。

第二十二段〔540～561〕

欲知其君，視其所使。欲知其父，先視其子。欲作其木，視其文理。欲知其人，視其奴婢。君子固窮，小人窮斯濫矣。病則無樂，醉則無憂。飲人誑藥，不得責人無禮。聖人避其醉客，君子恐其醉士。智者不見人之過，愚夫好見人之恥。兵將之家，必出勇士。博學之家，必出君子。

聯芳案：佛教的因果論，講述個人因緣業報輪迴運作，故因緣果報存在於大自然中，不是不報，時候未到，警醒世人冥冥之中，時刻皆要恪守禮節，知恩圖報，凡今日所造業為因，明日所得報為果，亦為凡今日所報為果，皆因昨日所造之業。凡若不謹言慎行，與人為善，因果輾轉相生，善惡終有報。而《太公家教》之寓意，望亂世眾生最後能「三世不需問，靜坐爾自知。若問前生事，今日受者是。若問後世事，今日做者是。」做到望因識果。

從以上《太公家教》之諸引文，了解其在亂世中賦予的思想教育意義，不但深入地教導世俗大眾，更同時從積極面和消極面出發，以恪守恭敬謙讓的儒家美德，和謹記杜微慎防的人生智慧，希望人民在亂世中，人人都能不忘知所進退的生活在儒家思想的規範中。觀亂世中的《太公家教》實猶如黑夜中之明燈，指引受教者為善去惡，生活中多親近善人、賢者、聖人，學習如何以他律道德幫助自身道德成長，引發自身生生不息之善念，以儒家「以友輔仁」的觀念，讓我們在待人接物處世中擁有好的修身涵養。故《太公家教》的德育思想特色正如鄭氏所說：以一、潛移默化的儒家思想；二、通俗淺白的口語形式；三、簡易實用的修身方式，影響著中國社會的人民。而《太公家教》思想教育的影響，也在對後世蒙書的啟迪性和幫助儒家德育思想的世俗化看到了顯著的成績。

所以，從以上分析敦煌文書《太公家教》的發現，明瞭唐代蒙書與宋明兩代童蒙教材的發展源流和歷史脈絡實依稀可循。其結論如：

一、對後世的啟迪性，皆具有通俗實用、易記易誦和便於口傳的特點。

二、幫助當時儒家德育推行的世俗化，根據敦煌蒙書遺書發現的統計數量，有以實用為目的的「識字類」和教化人心的「德行類」，其中「德行類」又以《太公家教》六十七件發現的數量為最多，亦可見其流通性亦應是最大。

雖然說《太公家教》所制定的道德修養規範，是兼具儒道思想與社會經驗的集結，內容上著重在避開物欲引誘和人事糾紛，不與存在危機的環境作正面對抗，乃是忍讓退避取得妥協，以保持生命的安定存在。這套自我制約的道德規範，雖然含藏「明哲保身」的消極思想，卻也是儒家灌輸庶民「安時順命」的修身涵養，復以道家「守柔無為」態度來反省突破惡劣的人事環境，減少人我之間的衝突與緊張，保全個體生命的穩定和和諧為大前提。

第二節 《太公家教》之用典

典故原指舊制、舊例，亦為漢代掌管禮樂制度等史實者的官名。經現代漢語詞典解釋，典故亦為詩文裏引用的古書中的故事或詞句，故泛知典故喻於經史子集者尤多，若能於家訓文學中適當地引用典故，或亦可作為吸引童蒙興趣和傳授修辭手法的良策。

敦煌遺書《太公家教》全篇二千六百多字，文內多以四言，亦有五言、六言、七言、八言等韻語流傳，作者自言取材與用典範圍乃引用「討論墳典，簡擇詩書，依經傍史，約禮時宜」，故家教中所選擇的典故，多為歷史人物或名言雋語，又多引用儒家經典的《論語》、《禮記》和《孝經》等等。皆為歷史上較有代表性的故事或人物，多以豐富而含蓄的手法表達，使其流於通俗有趣才易吸引童蒙的興趣，如作為童蒙基礎教材始為恰當，故在唐宋之時極為盛行。

作者自言：「輒以討論墳典，簡擇詩書，依經傍史，約禮時宜，為書一卷，助幼童兒。」故擬將《太公家教》中凡出現的典故，闡述如下：

一、晏嬰：只欲揚名後代，復無晏嬰之機

晏子（公元前 578 年～公元前 500 年），晏嬰父親名晏弱為宋穆公的曾孫，當時宋國內亂而赴齊國任上大夫，後齊國賞賜萊地作為其封地。據說晏嬰身材短小，其貌不揚。但頭腦機敏，能言善辯。靈公二十六年，晏弱病死，晏嬰繼任為上大夫。歷任靈公、莊公、景公三朝，輔政長達五十餘年，以節儉力行重於齊。〔註14〕既相齊，食不重肉，妾不衣帛。在朝以危言、危行、順命、衡命，三世顯名於諸侯；晏子伏莊公尸哭之，成禮後去，無畏崔杼欲殺之，司馬遷稱其「豈所謂『見義不為無勇』者邪？至其諫說，犯君之顏，又為『進思盡忠、

〔註14〕 （漢）司馬遷撰：《史記》；北京：中華書局，1959 年 9 月，頁 2133～2137。

退思補過」者哉！假令晏子而在，為之執鞭，所忻慕焉。」又曾於齊景公時用計除公孫接、田開疆和古冶子三名居功自傲的將軍，即二桃殺三士。晏嬰平時生活極節儉，謙恭下士。內輔國政，屢諫齊侯。外交既有靈活性，又能堅持原則，出使楚國而不受辱，堅決捍衛齊國之國格和國威，實可敬也。〔註15〕聯芳案：歷史上晏嬰以「哭齊莊公」和以其身材短小「出使楚國」二事聞名，個人更以頭腦機敏、能言善辯、節儉力行名揚於春秋，是當時有名的外交家和思想家，他生活節儉、謙恭下士，處事堅持原則和冷靜的態度確實是後世學習的好榜樣。

二、唐虞：唐虞雖聖，不能化其明主

唐虞與堯舜是乃我國上古時期中原部落聯盟首領唐堯和虞舜的合稱。《史記・五帝本紀第一》記：〔註16〕帝嚳娶陳鋒氏女，生放勳，因帝摯不善，故立帝堯，其仁如天，其知如神，就之如日，望之如雲，富而不驕，貴而不舒，能明馴德，便章百姓，合和萬國。唐國，帝堯之裔子所封，故稱唐堯。〔註17〕虞舜者，名曰重華。父瞽叟，上推橋牛、句望、敬康、窮蟬、帝顓頊、昌意，以至舜七世矣。但自窮蟬以致帝舜，皆微為庶人。舜父瞽叟頑，繼母囂，弟象傲，皆欲殺舜，舜順適不失子道，兄弟孝慈。舜年二十以孝聞，三十而帝堯採四嶽所荐用虞舜，更以二女妻舜以觀其內，內行彌謹，甚有婦道；使九男與處以觀其外，皆益篤；堯更試舜五典百官，皆治。唐堯虞舜對於黃河流域之開發，出現中國歷史上的第一個治世，後人多稱為唐虞之治或唐虞時代。史籍亦多有記載唐虞執政。《論語・泰伯》就有「唐虞之際，於斯為盛。」《史記・汲鄭列傳》又有「陛下內多欲而外施仁義，奈何欲效唐虞之治乎！」而宋朝劉過的《沁園春・壽》詞中也提到「平章處，看人如伊呂，世似唐虞。」〔註18〕聯芳案：唐堯虞舜的出現，為中國歷史上的第一個治世，對於黃河流域之開發與建設，被後人稱為唐虞之治或唐虞時代，此處雖不明為何「不能化其明主」，若「化」以教化、感化而言，因二人之子都非「明君」之人選，故終崇禪讓之治，或可領略一二。

〔註15〕 https://zh.wikipedia.org/zh-cn/晏嬰
〔註16〕 （漢）司馬遷撰：《史記》；北京：中華書局，1959 年 9 月，頁 15～31。
〔註17〕 （漢）司馬遷撰：《史記》；北京：中華書局，1959 年 9 月，頁 31～35。
〔註18〕 https://zh.wikipedia.org/zh-hk/唐虞

三、微子：微子雖賢、不能諫其暗君

《史記‧卷三十八之宋微子世家第八》〔註19〕，子姓，名啟，世稱微子或微子啟、微子開，殷帝乙之首子而帝紂之庶兄，屬商宗室貴族。紂立，淫亂於政，微子數諫，紂不聽。後周武王伐紂克殷，微子終叛商降周，持祭器造於軍門，肉袒面縛，武王釋微子並復其位如故，為春秋宋國之開國始祖。《論語》中稱微子、箕子、比子為「殷三仁」。後元朝亦追封其為仁靖公。相傳為今宋姓、鍾姓、華姓、墨姓之先祖，亦有人稱墨子是微子啟的後代。〔註20〕聯芳案：紂王以其淫亂暴虐稱世，微子屢勸不聽之下，終叛商降周，古語有云，良禽擇木而棲，賢才擇主而事，不亦善哉。

四、比干：比干雖惠、不能自免其身

比干（？～？），子姓，殷商沫邑（今河南省衛輝縣）人，亦為殷紂之親戚。商紂王時為宰相，紂王叔父，為三大忠臣之一，見箕子上諫不聽反為奴，更直言諫紂曰：「君有過而不以死爭，則百姓何辜！」〔註21〕反遭紂怒，以聞聖人之心有七竅而殺比干並剖視其心。《論語》記載稱微子、箕子、比干，為「殷三仁」。周朝尊其為「國神」，唐太宗後諡其忠烈，元朝亦加封其為仁顯忠烈公，道教界尊比干為文曲守財藏真福祿真君，簡稱守財真君、文財真君和財祿真君等，被民間視為財神爺。祭典日為四月初四。比干與兒子林堅後為林姓的始祖。〔註22〕聯芳案：比干為商紂王時宰相，亦為紂王叔父，直諫不果卻反遭君怒，終被殺且剖視其心，實慘不忍矣，以此作典故，恰好與「微子」一例互為對比，或不應作無謂犧牲，識時務者應知進退。

五、太公：太公未遇、釣魚於水

太公望，姓姜，氏呂，名尚，字子牙，東海上人。先祖嘗為四嶽，輔佐大禹治水有功。〔註23〕曾卜，以漁釣奸周西伯將出獵，果遇太公於渭之陽，並言當有聖人適周，周將以興。為周文王、周武王的軍師，曾為西伯求美女奇物，獻之於紂，以贖西伯；西伯脫羑里歸，與呂尚陰謀修德以傾商政，其

〔註19〕（漢）司馬遷撰：《史記》；北京：中華書局，1959年9月，頁1607～1608。
〔註20〕https://artsandculture.google.com/entity/g1225w9j9?hl=zh
〔註21〕（漢）司馬遷撰：《史記》；北京：中華書局，1959年9月，頁1610～1611。
〔註22〕https://zh.wikipedia.org/wiki/比干#cite_note-2
〔註23〕（漢）司馬遷撰：《史記》；北京：中華書局，1959年9月，頁1477～1611。

事多兵權與奇計，故後世之言兵及周之陰權皆宗太公為本謀。史冊又有記載其名字有姜尚、姜望、姜牙、姜子牙、呂尚、呂望等，別稱有姜太公、太公、太公望、尚父、師尚父，又稱文祖甲齊公，被追封為武成王、昭烈武成王。姜太公因輔佐周朝滅殷有功，後受封於齊，為齊姜之始祖，因其戰功後代視其為武聖、兵家之聖，唐曾設置武廟，主祀姜尚，其祭祀儀典與文廟相同。民間又有傳說稱太公望在殷商時曾任小官，商末時民不聊生，商紂王暴政，太公望辭官離開商都朝歌，隱居蟠溪峽。傳聞曾在磁泉邊以長杆、短線、直勾、背身的奇怪方式釣魚，後有「姜太公釣魚──願者上鉤」之有趣說法。〔註24〕聯芳案：姜太公輔周滅殷有功，受封於齊，為齊姜始祖，因其戰功後代視其為武聖，曾助西伯脫羑里歸，修德以傾商政，善事兵權與奇計，故後世之言兵及周之陰權皆宗太公為本謀，此亦為能突破在亂世困頓而彰顯自我之絕佳典故。

六、相如：相如未達、賣卜於市

司馬相如（約前179年～前117年），本名犬子，因仰慕藺相如，故更名相如，字長卿，蜀郡成都人。少時好讀書，學擊劍，事孝景帝，曾為武騎常侍，但非其所好。後因病免，客游梁，與諸侯游士居，乃著《子虛之賦》。〔註25〕為西漢大辭賦家。代表作有〈子虛賦〉、〈上林賦〉。作品詞藻富麗，結構宏大，為漢賦代表作家，又稱為賦聖。歷史以他與卓文君的私奔最為廣傳。〔註26〕聯芳案：司馬相如以一代漢賦代表作家聞名，作品詞藻富麗，結構宏大，但亦以個人喜好而辭官，既不戀棧權勢，歷史又以他與卓文君的私奔最為廣傳，其行為或許道出亂世中，個人所應遵從自己的心願行事。此典故在《太公家教》中最為特別的是，其人物時代背景亦與諸葛孔明二者最晚，發生在春秋戰國時代之後，未知是否與此書寫成年代有任何相關，值得日後再深究之。

七、巢父：巢父居山

巢父：傳說中高士，道家前身。築巢而居，人稱巢父。堯以天下讓之，不受，隱居聊城（今屬山東省），以放牧為生。聊城古有巢陵，傳為巢父葬處，

〔註24〕https://zh.wikipedia.org/wiki/太公望
〔註25〕（漢）班固著；（唐）顏師古注：《漢書》；北京，中華書局，1962年，六月，頁2529～2530。
〔註26〕https://zh.wikipedia.org/wiki/司馬相如

於今聊城市東昌府區許營村西北二里許。聊城縣治亦曾移此。有傳當年巢父遺牧處，為今聊城古八景之一，曰「巢父遺牧」。〔註27〕聯芳案：巢父者，堯竟以天下讓之，卻不受，隱居以放牧為生，未知《太公家教》作者以此典故或意喻自身有德，亦如巢父同有「出世之心」。

八、魯連：魯連赴海

魯仲連（約前305年～前245年），有時簡稱魯連，戰國齊仕平人（今山東省王老鄉望魯店村），當時名士，不願出任官職。好奇偉俶儻之畫策，不肯仕宦任職，好持高節，遊於趙。〔註28〕由於其遊說技巧卓越，如《漢書・藝文志》有《魯仲連子》14篇之「義不帝秦」可見一斑。趙國在長平之戰慘敗，秦軍圍困趙都邯鄲，魏王派人入邯鄲遊說，勸平原君說服趙王尊秦昭王為帝。當時在趙國遊歷的魯仲連知道此事，便請平原君安排他與新垣衍會面，魯仲連即告誡新垣衍，彼秦者，棄禮義而上首功之國也，權使其士，虜使其民，彼即肆然而為帝，過而為政於天下，定必干涉諸侯國內政，將對諸侯任意擺佈，從此各國將不得安寧。說服新垣衍最後放棄原來的意見。秦軍聞此事，退兵五十里。此時信陵君率魏擊秦，秦軍撤圍而去。事後平原君欲封賞魯仲連，魯仲連不肯接受，留下千古名言，擲地有聲：「所貴於天下之士者，為人排患、釋難、解紛亂而無所取也。即有所取者，是商賈之人也，仲連不忍為也」。〔註29〕聯芳案：魯仲連戰國名士，卻不願出任官職。但遇不平則鳴，樂於為人排患、釋難、解紛亂而無所取也，實亦亂世之中淡泊名利之能人也。

九、孔明：孔明盤桓

諸葛亮（181年～234年），字孔明，東漢末年徐州琅琊人（今山東省臨沂市），為三國蜀漢丞相。歷史記載其為中國歷史上最著名的謀士之一，集政治家、軍事家、發明家、天文學家、謀略家為一身，後世公認為智慧和忠義的典範。在劉備三顧茅廬之重邀下，成為劉備最重要之核心與幕僚，亦為劉禪繼承蜀漢後，蜀漢實際的最高領導人。諸葛亮曾與龐統齊名，竟隱居隆中，自比管仲、樂毅，人稱「臥龍先生」。出關後先為劉備借荊州擴大版圖、再聯

〔註27〕https://www.zdic.net/hans/巢父
〔註28〕（漢）班固著；（唐）顏師古注：《漢書》；北京，中華書局，1962年，六月，頁2559～2561。
〔註29〕https://zh.wikipedia.org/wiki/魯仲連

孫權、拒曹操之策，終與魏、吳成鼎足之勢。後以「隆中對」做為蜀漢基本國策，以魯肅說服孫權，最後以「借東風」和「火燒連環船」成就赤壁之戰，奠定三國鼎立之勢。關羽北伐中原，威震華夏時，卻逢曹操與孫權勾結，偷襲荊州並俘虜關羽斬首，從此孫劉聯盟破裂，諸葛亮因此調整國策。劉備後稱帝以亮為丞相，卻因伐吳戰敗，劉備死請以亮輔後主劉禪，並使丞相受封武鄉侯，兼領益州牧。聯芳案：觀諸葛亮於蜀漢制內，整訂官制，修建法度，圖光復漢室，以改善經濟，休養生息，打壓益州豪族，平定南中。但屢次伐魏，最終卒於「五丈原」於建興十二年，年僅五十四，諡號忠武。諸葛亮以「鞠躬盡瘁、死而後已」留史，實為後世忠臣與智者代表，故以其為典，實乃上佳人選。〔註30〕

十、孟母：孟母三遷、為子擇隣

孟母（？～？），孟子之母，仉氏。孟軻早年喪父，孟母被認為教子有方，故事流傳甚廣。民間有「孟母三遷」之事，故多以記載孟母教導孟子之史實為述。〔註31〕查孟子少時，其舍近墓，嬉遊為墓間之事，喜作踊躍築埋之事。孟母嘆曰：「此非吾所以居處子也。」乃去。舍市傍，又見其嬉戲為賈人衒賣之事。孟母又嘆曰：「此非吾所以居處子也。」再徙。舍學宮之傍，其嬉遊乃設俎豆揖讓進退。孟母欣然曰：「真可以居吾子矣。」遂居之。及孟子長，學六藝，卒成大儒。三字經云：「昔孟母，擇鄰處。子不學，斷機抒」源於孟子少時，既學而歸，孟母方績，遂問曰：「學所至矣？」孟子曰：「自若也。」孟母即以刀斷其織。孟子懼而問其故，孟母曰：「子之廢學，若吾斷斯織也。夫君子學以立名，問則廣知，是以居則安寧，動則遠害。今而廢之，是不免於廝役而無以離於禍患也。何以異於織績而食，中道廢而不為，寧能衣其夫子而長不乏糧食哉？女則廢其所食，男則墮於修德，不為竊盜，則為虜役矣。」孟子懼，從此旦夕勤學不息，並師事子思，遂成天下之名儒，後君子稱謂「孟母知為人母之道矣！」聯芳案：民間有〔註32〕「孟母三遷」之事，記載孟母教導孟子之史實為述。孟母方績，實為古代和今日婦女楷模。

〔註30〕 https://zh.wikipedia.org/wiki/諸葛亮

〔註31〕 https://zh.wikipedia.org/wiki/孟母

〔註32〕 《古史新證》是王國維先生在清華國學研究院擔任導師期間開設「古史新證」課程的講義。書中提出的「二重證據法」是中國近代史學上的一座里程碑，對學術界影響極其深遠。

　　綜觀以上典故，在《太公家教》中皆起到極大的修辭效果，十個典故的運用，言簡意賅，既含蓄有致，又典雅風趣的道出亂世中應臨危不懼，突破困境，甚至有再創一番新天地的胸懷與態度，《孟子・藤文公下》：「富貴不能淫，貧賤不能移，威武不能屈，此之謂大丈夫。」〔註33〕或許這些典故的應用，也間接表達了作者自身的願望與情感，如此借助典故，亦可增強《太公家教》作為蒙書思想教育上的說服力與趣味性。

第三節　《太公家教》之修辭

　　「修辭」二字最早見於《周易・乾卦》《文言・九三》：「子曰：『君子進德修業，忠信所以進德也，修辭立其誠，所以居業也。知至至之，可與言幾也。知終終之，可與存義也。』」〔註34〕周振甫（1911～2000）《周易譯注》借此「修辭」乃指君子提高忠信之品德，用於治理事業，可以達到誠偽微茫的辨別；在品德提高的同時，將修飾言辭確立在誠實上去處理事業，無論何時處在上位既不驕傲，處在下位也絕不憂鬱，不停前進，隨時警惕，就算處境危險也無害。〔註35〕後又有唐孔穎達（574～648）《周易正義》進一步申論，云：「修辭立其誠，所以居業者，辭謂文教，誠為誠實也。外則修理文教，內則立其誠實。內外相成，則有功業可居，故云居業也。」〔註36〕又有近代學者陳望道（1891～1977）《修辭學發凡》將修辭以狹義和廣義論之：「狹義：修辭就是修飾文辭；廣義：修辭是調整或適用語辭。」〔註37〕另吳禮權（1964～）《語言策略秀》：「重視表達策略並適應特定的情境要求選擇運用恰當的表達策略對於提高語言表達效果、對於圓滿的表達我們意欲表達的情感思想的重要意義。」〔註38〕再有臺灣學者黃慶萱（1932～）對《修辭學》的定義：「修辭學是研究在不同語境下，如何調整語文表意方法，設計語文優美形式，精確而生動表達出說者

〔註33〕（宋）朱熹撰，金良年今譯：《四書章句集注》，上海，上海古籍出版社，2006年8月。（2009.3 重印），頁 326～327。

〔註34〕周振甫譯注：《周易譯注》；香港：中華書局，1996年4月出版，2006年2月再版，頁 5～6。

〔註35〕周振甫譯注：《周易譯注》；香港：中華書局，1996年4月出版，2006年2月再版，頁 4～7。

〔註36〕唐・孔穎達：《周易正義》；臺北：中華書局，1977年。

〔註37〕陳望道著：《修辭學發凡》；香港：大光出版社，1988年，頁 3。

〔註38〕吳禮權著：《語言策略秀》；廣州：暨南大學出版社。2013年12月，頁 12。

或作者之意念，以引起讀者共鳴的一種藝術活動」。馬顯慈在《語文釋要》第六部分提出對以上各家的說法，更綜合各家而得「修辭」乃一種語言修飾活動，「修辭學」則在研究提高語言表達效果之方法、技巧與規律。

　　聯芳案：總結以上對「修辭」之概述，簡而言之指說話和寫作時，作者根據當時社會風氣、環境、語境等，將語言文字進行加工、修飾後，提高表達之效果，臺灣學者黃慶萱說的精準，其過程乃如何調整語文表意方法，設計語文優美形式，精確生動表達出說者或作者之意念，以引起讀者共鳴的一種藝術活動。觀《太公家教》乃中古社會環境下的產物，從作者之首段撰文可見其厚望，盼此書卷能助誘童兒，流傳萬代，從其殷切陳述即已圓滿表達其意欲表達的情感思想的重要意義，而究《太公家教》之「修辭」目的亦希冀該書能實踐孔子《易經‧文言》之述：使君子進德修業，忠信所以進德也，修辭立其誠，所以居業也。知至至之，可與言幾也。知終終之，可與存義也之大目標。故其修辭充分運用語言的特性，例如。講究韻律協調、詞語錘鍊和句式鋪排。內容充滿強而深厚的藝術感，揉合論語、禮記、孝經、成語、諺語和典故等，以討論墳典、簡擇詩書、依經傍史、約禮時宜為標準，弗論結果，實可見作者在「修辭」上之用心。

　　我國歷代私塾教育發達，訓蒙讀物對知識提升和思想有絕對影響力，其表達主要汲取古書中之佳言。當時社會流行之諺語，多採用通俗淺近之白話，易於記誦之對偶韻語。而《太公家教》全文除少數五言、六言、七言、八言等例外，實多採用四言韻語。主要以訓誡形式，從其序文所述：「討論墳典，簡擇詩書，依經傍史，約禮時宜」可證。

　　南朝梁‧劉勰《文心雕龍‧祝盟》：「凡群言發華，而降神務實，修辭立誠，在於無愧。」〔註39〕又許慎《說文解字‧修部》：「修，飾也。形聲字，彡為形，攸為聲。」段玉裁注：「修之從彡也，灑刷之也，藻繪之也。修者，治也，引申為凡治之稱。」故修有「修飾，修治」之意。《說文十四上辛部》：「辭，訟也。從亂辛，猶理辜也。」「辭」之本義，會意字，由亂辛兩字相合，表示處理訴訟之說辭。後來字義擴大，乃包括一切言辭和文辭，故修辭者，修飾言辭文辭也。〔註40〕詳言之，修辭學，即研究如何調整語文表意之方法，設計語文

〔註39〕劉勰著，周振甫注：《文心雕龍注釋》；臺北市：里仁書局，中華民國 73 年（1984）五月，頁 180。

〔註40〕楊建國著：《漢語修辭學教程》；合肥：安徽教育出版社，2011 年，6 月，頁 174～210。

優美之形式,使精確而生動地表出說者或作者之意象,期能引起讀者共鳴之藝術手法。以下將就一、修辭手法;二、修辭作用兩項;藉以探討《太公家教》之特色與成就。

一、修辭手法的特色

《太公家教》是中古時代家訓文學發展的產物,也是以廣大的庶民弟子為訓誨對象的重要訓蒙書,故其遣詞用字通俗易懂,雖仍以當時封建社會的綱常禮教作為約束,但主要還是教人學習、立身處世為主。現將《太公家教》修辭手法研究所得,略述於下:

(一)排比

排比乃一種修辭手法,利用把結構相同或相似、意思密切相關、語氣一致的詞語或句子成串地排列,但必須是三個或三個以上意義相關或相近,結構相同或相似和語氣相同的詞組以主謂／動賓或句子並排才可以,如此可達到一種加強語勢的效果。

排比的行文展示一般有節奏感,琅琅上口,亦有極強的說服力,能增強文章的表達效果和氣勢,深化中心。排比又可細分為成分排比、分句排比、單句排比和複句排比。用排比來說理,既可收到條理分明的效果;用排比來抒情,節奏和諧,更可顯得感情洋溢;用排比來敘事寫景,也能進一步使層次清楚、描寫細膩、更使形象生動,增強說話的氣勢,使其給人一氣呵成的感覺。《太公家教》中亦有將三個或以上結構相同或相近、又或意思相關、語氣一致、字數又大致相等的短語或句子排列在一起,如下所述:

第八段〔182～189〕〔190～195〕〔196～201〕

養兒之法、莫聽誑言。育女之法、莫聽離母。

男年長大、莫聽好酒。女年長大、莫聽遊走。

丈夫飲酒、揎撐拄肘。行不擇地、言不擇口。

觸突尊賢、鬥亂朋友。女人遊走、逞其姿首。

男女雜合、風聲大醜。慙恥尊親、損辱門戶。

聯芳案:第八段以養兒、育女、男年和女年為前句,後四句接以「莫聽」帶出其段旨意,讀來鏗鏘有力,極有節奏感,琅琅上口之餘,亦有極強的說服力。第二、三節又以成分排比敘述,甚具教化之用,同時也能進一步使層次清

楚、描寫細膩、更使形象生動，增強說話的氣勢，並給人一氣呵成的感覺，達到教化成效之目的。

（二）對比

其手法乃將兩個相對或相反的事物，或者一個事物的兩個不同方面，並列在一起加以比照的修辭手法，使事物的特點可以更顯著，形象更鮮明，同時把道理說得更加深刻。如：

第二段〔51～66〕

孝子事父、晨醒暮參。	知飢知渴、知暖知寒。
憂則共戚、樂則同歡。	父母有疾、甘美不湌。
食無求飽、居無求安。	聞樂不樂、聞喜不看。
不羞身體、不整衣冠。	父母疾瘉、整亦不難。

第十五段〔350～357〕

擇其善者而從之、其不善者而改之。	滯不擇職、貧不擇妻。
飢不擇食、寒不擇衣。	小人為財相殺、君子以德義相知。

聯芳案：孝子對事父，晨醒對暮湌，知飢知渴對知暖知寒，憂則共戚對樂則同歡……此乃利用兩個相對或相反的事物，排列比照的修辭手法，使事物的特點可以更顯著，形象更鮮明，確實可把道理說得更加深刻。

（三）層遞

為了使文章的層次分明，意思可以層層深入，加深讀者的印象，所以把要表達的意思按照需要的輕重、緩急、高低、遠近、大小、多少等不同條件，逐層排列的修辭手法，如：

第十五段〔338～357〕

與人相識，先政容儀。稱名道字，然後相知。倍年已長，則父事之。十年已長，則兄事之。五年與外，則肩隨之。三人同行，必有我師焉。

第十七段〔394～413〕

鷹鷂雖迅，不能快於風雨。日月雖明，不照覆盆之下。

唐虞雖聖，不能化其明主。微子雖賢，不能諫其暗君。

比干雖惠，不能自免其身。蛟竜雖聖，不能殺岸上之人。（竜、古龍字）

刀劍雖利，不斬無罪之人。羅網雖細，不能執無事之人。

非災橫禍、不入慎家之門。人無遠慮、必有近憂。

聯芳案：第十五段從與人相識開始，先政容儀，逐步遞進並層層深入，引領讀者與人相交時應進退有度的態度，另外第十七段又把要表達的意思按照需要，以譬喻漸進由輕而重、由緩而急、再由高而低等不同條件，逐層排列的遞進修辭手法，達到繪聲繪色的效果。

（四）對偶

主要是把兩個結構相同或相似、意思相關、字數相等的句子對稱地排列在一起的修辭手法，誦念時可以增強節奏感，使句子整齊、勻稱。

第十三段〔294～313〕

近朱者赤、近墨者黑。蓬生麻中、不扶自直。

近佞者諂、近偷者賊。近愚則癡、近聖則明。

近賢則德、近淫則色。貧人多懶，富人多力。

勤耕之人、必豐穀食。勤學之人、必居官職。良田不耕、損人功力。養子不教、費人衣食。

第十四段〔314～337〕

與人共食、慎莫先嘗。與人同飲、莫先把觴。

行不當路、坐不背堂。路逢尊者、側立道傍。

有問善對、必須審詳。子從外來、先須就堂。

未見尊者、莫入私房。若得飲食、慎莫先嘗。

饗其宗祖、始到爺娘。次霑兄弟、後及兒郎。

食必先讓、勞必先當。知過必改、得能莫忘。

第十九段〔458～481〕

明君不愛邪佞之臣、慈父不愛不孝之子。

道之與德、情之與禮。小忍負重、不擇地而息。

君子固窮、小人窮斯濫以。屈厄之人、不羞執鞭之事。

飢寒在身、不羞乞食之恥。貧不可欺、富不可恃。

陰陽相催、周而復始。太公未遇、釣魚於水。

相如未達、賣卜於市。巢父居山、魯連赴海。

孔明盤桓、候時而起。

聯芳案：此三段皆為對偶之句，既敘事亦說理，以對偶形式表達可見其旨趣，由於句子整齊、勻稱，誦念時亦可感其節奏之美。

（五）映襯

在描述甲事物之時，以乙事物作為陪襯，是要描述的事物之特點更為明顯。如：

第二十段〔482～489〕

鶴鳴九皐、聲聞於天。電裏燃火、煙氣成雲。

家中有惡、人必知聞。身有德行、人必稱傳。

第二十一段〔510～525〕

近鮑者臭、近蘭者香。近愚者闇、近智者良。

明珠不瑩、焉發其光。人生不學、言不成章。

小而學者、如日出之光。長而學者、如日中之光。

老而學者、如日暮之光。人而不學、冥冥如夜行。

聯芳案：人世間所有事物的相對性，通常須經比較才可以知所不同，但是若以一物陪襯另一物，只要陪襯得宜，亦可見其之妙。如鶴鳴於天，燃火成煙，有惡必聞，有德必傳。第二十一段之妙亦是如此，互為陪襯，使其特點益加明顯。

（六）互文

一般在古文或古典詩歌中，把屬於一個句子（或短語）的意思，分寫到兩個句子（或短語），解釋時上下句意思互相補足，得到完整意思的修辭手法，相形之下句子更見簡練。如：

第三段〔79～84〕

臣無境外之交、弟子有束脩之好。

一日為君、終日為主。一日為師、終日為父。

第五段〔136～143〕

羅網之鳥、悔不高飛。吞鉤之魚，恨不忍飢。

人生誤記、恨不三思。禍將及己、悔不慎之。

聯芳案：臣以君重，弟子以師嚴，羅網之鳥，吞鉤之魚，人生慎記，最終禍將及己。此段之互文，除上下句意思互補，得到其深意推進的修辭效果，相形之下，句子表現出的張力亦更強。

（七）頂真

用前一句的結尾做後一句的開頭，使上下兩句首尾蟬聯，上遞下接，不但語氣連貫，且有音律流暢的效果。如：

第十八段〔420～421〕〔434～435〕

以法治人、人則得安。

抱薪救火、火必盛炎。

第二十段〔498～501〕

己欲其立、先立於人。

己欲求達、先達於人。

聯芳案：第十八和二十段以頂真的修辭手法，可見人、火、立和達之首尾蟬聯，上遞下接，讀來語氣連貫，音律確有流暢的效果。

二、修辭作用的成就

周鳳五曾在《敦煌寫本太公家教研究》結論中言：「這本書由於『依經傍史』，摘錄童蒙必讀的經典嘉言；又以『約禮時宜』，切合當時社會生活的一般需要；成書之後，立即風行。」〔註41〕臺灣學者黃慶萱在其《修辭學》一書亦云：「修辭的內容本質，乃是作者的意象；修辭的媒介符號，包括語辭和文辭；修辭的方式，包括調整和設計；修辭的原則，要求精確而生動；修辭的目的，要引起對方的共鳴；修辭的性質，屬於藝術的一種。」〔註42〕黃氏對修辭學的定義非常現代化，將其定義應用在二十一世紀，作為研究唐朝流行的《太公家教》竟同樣合宜，從上述《太公家教》修辭手法的角度去細分，其修辭手法包括：排比，對比，層遞，對偶，映襯，互文，頂真等，全文由多個段落組成，每個段落有獨立的段意，在前有序，中有 23 段文句，篇末後有跋文，疑採用「抑揚法」和「複句」形式，將每段文字的關聯層層推進，並將其正反因果兩相對照，使開首、過渡和結尾都各顯特色，有並列、承接、遞進、因果、轉折等複句特色；故全篇表達準確、鮮明而生動有力，可謂符合黃氏所說的修辭原則所要求的精確和生動，修辭的目的是要引起共鳴，而《太公家教》所傳達的藝術性，疑亦可證明為何盛行於當時。

意外發現以「平水韻」研究第五章《太公家教》之各段落押韻時，其每段押韻亦頗準確，更有數段僅押一韻。因《太公家教》實為古文體而非詩詞，故其格律並非必要遵守。雖古有學者王明清《玉照新志》、胡仔《苕溪漁隱叢話》和張淏《雲谷雜記》等人評論《太公家教》不協韻與文詞俚俗，但綜觀其全文

〔註41〕周鳳五《敦煌寫本〈太公家教〉研究》；臺北：明文書局，1986 年，頁 127～128。

〔註42〕黃慶萱著：《修辭學》；臺北市：三民書局，2011 年，頁 5～10。

僅第一句以第一人稱敘述句之家訓形式表達，以主語、動詞和賓語組成，第二句始省略主語，以動詞和賓語形成四、六字長短複句；每段各有特色和散韻相間。全篇實內容豐富，大多傳遞與教授儒家思想、禮節分明、孝順父母、尊敬師長、虛心好學、去惡從善、莫聽讒言、禮賢下士、避嫌修身、教育子女等的家訓概念。

序文以講明作者生於戰亂危難的時代背景，過著亡鄉失土，顛沛流離為開端；過渡到文中之例舉，無論其用詞、造句、修飾、謀篇佈局、風格到最後全文以跋收尾，作者以委婉含蓄的表達方式，全文一氣呵成，其語言之運用和語音的形式美，皆為引發讀者閱讀的餘韻與反思為目的，可謂有深意的蒙書。

第七章　結　論

本人針對敦煌寫本《太公家教》之整體研究，全面檢視敦煌學一直以來的發展，看到敦煌莫高窟藏經洞的發現造成二十世紀的國際轟動，亦因英、法、日、俄、國藏等敦煌文獻收藏的國際性，使敦煌學甫研究即成為國際顯學的研究。

根據鄭炳林在《敦煌學博士文庫·緣起》所述：「敦煌學研究的關鍵問題是人才培養問題，只有培養出一流的研究人才，才能出產一流的研究成果。」洞悉這一點，中國敦煌吐魯番學會成立之初，中國敦煌學家季羨林（1911～2009）、姜亮夫（1902～1995）等已極力倡導，敦煌研究院亦集中一批石窟藝術研究專家，以聯合共建地緣的優勢，由蘭州大學與敦煌研究院合作開展敦煌文獻和敦煌區域史，此舉今日看來，其二者殊可謂珠聯璧合，優勢互補。

本論文專注於敦煌學甫研究即成為國際顯學，研究發展進程中一直都有需要跟進之處。論文的首六章雖借助各家研究成果，並在其基礎上加以整理分析，並集其各家大成，亦可謂是用心之作和特色。另需要多方面利用蘭州大學與敦煌研究院將其重要研究發表和推展進程進行比較，從中發現箇中源流，如從蘭州大學和敦煌研究院將敦煌學成為重點學科而逐年發展。其逐步推廣之發展如下：

1979　年開始創立敦煌學的研究機構；

1980　年蘭州大學與敦煌研究院開始推展敦煌學課程；

1983　年籌建敦煌專業資料室，創辦敦煌學專業期刊《敦煌學輯刊》，該年蘭州大學、杭州大學合辦兩屆敦煌學講習班，同年更設立敦煌學碩士學位授權點；

1985　年建立中國敦煌吐魯番會蘭州大學資料中心；

1986　年通過教育部申請到美國基督教亞洲高等教育基金會資助；

1998　年蘭州大學再與敦煌研究院設立敦煌學博士學位授權點；

1999　年蘭州大學更成立敦煌學研究所成為首批教育部敦煌學重點基地；

2003　年建成敦煌學博士後科研流動站；

2004　年建成 985 敦煌學哲學社會科學創新基地。〔註 1〕

　　在蘭州大學和敦煌學研究所於石窟藝術與敦煌文獻兩者結合下，今日我們可以很自豪地說：蘭州大學和敦煌學研究所自 2004 年後，已真正成為中國敦煌學培養專業人才的基地，更不時採取不同渠道在國際展開學術交流，如：

　　一、舉辦學術會議；

　　二、學術訪問；

　　三、申請國際及中港臺地區的各種基金項目；

　　四、聘請國內外專家到研究所駐所研究，並開展學術交流。

　　本論文蒐集和參閱有關敦煌寫本《太公家教》以上相關研究資料結果的發表與闡述，並在前六章中詳述，由於敦煌材料並不普及，故對整合資料之努力不可不謂為本論文之特色。如今蘭州大學和敦煌研究院均為敦煌學重點建設的基地，更已購齊全套敦煌學研究資料，如《俄藏敦煌文獻》、《法藏敦煌西域文獻》、《英藏敦煌文獻》、《永樂文獻》、《四庫全書》及《續修四庫全書》等大型圖書，加上臺灣地區出版的敦煌學圖書和日文版圖書，創建敦煌學資料信息服務中心網站。針對上述種種，更為國內外有志於敦煌學研究的碩、博士生們提供行之有效的人才培養，只可惜此項措施並未能遍用於一般高校和有志於敦煌學鑽研的研究生們。

第一節　本論文研究之特色

　　本論文前六章秉承之中心思想特色，嘗試以宏觀多角度研究敦煌遺書《太公家教》，再以微觀歷史脈絡去分析研究《敦煌學》背景，務求釐清二者之間的傳承與關聯。但凡事講究證據，根據英、法、日、俄和國藏敦煌遺書《太公

────────────────

〔註 1〕鄭炳林撰：《敦煌莫高窟北區出土蒙古文獻研究‧〈敦煌學博士文庫緣起〉》；漢學研究中心（國圖），頁 1～4。

家教》，據今所考從原有周鳳五的 42 件增加到現今的 67 件，此舉可謂一突破性的新發現。根據各家影本窺察所得，雖大多為殘卷、殘本、殘篇，或因年代久遠，影本模糊，僅靠各國學者專家經人為辨別，亦多難辨錯別字，於此若要依宏觀角度研究敦煌遺書之《太公家教》，惟有以科學研究作切入點，嘗試以統計學法，分類而加以分析，冀能試圖找出英、法、日、俄和國藏敦煌遺書《太公家教》中之最好版本，故本論文以此為目標，其研究特色又有如下三點：

一、在第五章試掌握日學者黑田彰教授所提供敦煌遺書英、法、日、俄、國藏和三份羅振玉提供之全部影本材料，利用陳垣先生《校勘學釋例》之校法四例校勘其每份敦煌遺書、排表列字、比對各篇異同。下表所列即為利用統計法和排除法找出最有價值的敦煌遺書，以「對校法」互為比較，所做之研究如下表三。

表三

校異編號	根據日學人黑目彰著《太公家教注解》P3764 提供 48 份影本做底本 綜合張新朋根據俄藏敦煌文獻殘片拾遺和補 綜合校勘整理敦煌遺書《太公家教》共 67 份				
	編　　號		文存句子編號	所存句數	
1	羅振玉氏舊藏本		（1～600）*	600	V 97.9%
2	羅振玉氏舊藏本甲卷		（366～415）	50	
3	羅振玉氏舊藏本乙卷		（343～386）	44	
4	斯 479（S479）		（571～600）	30	
5	5a	斯 1163a（S1163a）	（348～613）	266	
	5h	斯 1163vh（S1163vh）	（560）	1	
	5d.5b.5e	斯 1163vd（S1163vd）	（124～125）	2	
	5g.5f.5c.	斯 1163vg（S1163vg）	（439～445）	7	
	vf		（388）	1	
	vc		（124）	1	
	vb		（題）	1	
	ve		（172.173.174）	3	
6	6a	斯 1291a（S1291a）	（5～146）	142	

	6c	斯 1291c（S1291c）	（231～299）	69	
	6b	斯 1291vb（S1291vb）	（146～213）	68	
7		斯 1401（S1401）	（442～613）	172	
8		斯 3011（S3011）	（29～30）	2	
9		斯 3835（S3835）	（50～613）*	564	V 92%
10		斯 4901（S4901）	（1）	1	
11		斯 4920（S4920）	（414～613）*	200	
12		斯 5655（S5655）	（397～613）*	217	
13		斯 5729（S5729）	（8～86）	56	
14		斯 5773（S5773）	（132～281）	150	
15		斯 6173（S6173）	（99～361）	263	
16		斯 6183（S6183）	（33～129）	97	
17		斯 6243（S6243）	（402～529）	128	
18		伯 2553（P2553）	（1～43）	43	
19		伯 2564（P2564）	（1～613）*	613	V 100%
20		伯 2600（P2600）	（601～612）	12	
21		伯 2738（P2738）	（50～600）	551	V 90%
22		伯 2774（P2774）	（454～557）	104	
23		伯 2825（P2825）	（143～613）	471	
24		伯 2937（P2937）	（48～354）	307	
25		伯 2981（P2981）	（220～600）	381	
26		伯 3069（P3069）	（455～576）	122	
27		伯 3104（P3104）	（254～361）	108	
28		伯 3248（P3248）	（68～239）	172	
29		伯 3430（P3430）	（162～460）	299	
30		伯 3569（P3569）	（348～600）	253	
31		伯 3599（P3599）	（1～446）	446	
32	32a	伯 3623a（P3623a）	（3～600）*	598	V 97.6%
	32c	伯 3623vc（P3623vc）	（題）	1	
	32b	伯 3623b（P3623b）	（題）	1	
33		伯 3764（P3764）	（1～613）	613*（以此為基數）	V 100%
34	34a	伯 3797a（P3797a）	（374～613）	240	

	34b	伯 3797vb（P3797vb）	（題）	1	
35	35a	伯 3894a（P3894a）	（123～520）	398	64.9%
	35b	伯 3894vb（P3894vb）	（題）	1	
36	伯 4085（P4085）		（63～232）	170	
37	伯 4588（P4588）		（481～600）	120	
38	伯 4880（P4880）		（1～50）	50	
39	伯 4995v（P4995v）		（183～445）	263	
40	伯 5031（13）（P5031（13））		（46～61）	16	
41	41a.41b.B11va		（1～5）	5	
	vb		（1～41）	41	
42	寧樂本		（49～111）	63	
43	大谷本 3167		（426～439）	14	
44	大谷本 3169		（478～487）	10	
45	大谷本 3175		（373～391）	19	
46	大谷本 3507		（1～10）	10	
48	大谷本 4394		（572～593）	22	
49	國立北平圖書館藏乃字第二十七號		（1～41）	41	
50	補：斯 12563		（401～424）	24	
51	補：斯 13352		（366～371）	6	
52	補：伯 3962		（442～453）	12	
53	貞松堂藏西陲秘籍		（343～415）	73	
54	何彥昇藏殘卷		秘藏	未知	
55	唐蘭藏殘卷		秘藏	未知	
56	BD16191 號		148～155	8	
57	BD16196 號 C		51～70	20	
58	Дx3111		（402～417）	16	
59	羅振玉藏本之一 Дx03858		（232～298）	67	
60	Дx03863		（93～135）	43	
61	Дx03894		（75～86）	12	
62	Дx4251		（445～458）	14	
63	Дx04932		（443～454）	12	
64	Дx06141		（217～222）	6	

65	Дх12696	（223～262）	40	
66	Дх12827	（173～199）	27	
67	Дх19082	（200～221）	22	

聯芳案：陳寅恪與王國維要求治史態度要嚴肅認真、實事求是。必須擴大史料範圍，廣泛收集資料，開拓視野，力求恢復歷史的真實面貌，引出新學問。王國維更創造「二重證據法」以舊史料解釋新發現的材料，又以新發現的材料印證舊史料。〔註2〕故我亦反覆援引上述新發現的資料，再根據英、法、日、俄和國藏等各家統計列數所得，經查找校勘後，依「二重證據法」的原則，計伯2564和伯3764皆佔有613句，但實有闕漏故約佔90%左右，另羅振玉氏舊藏本（估計此即鳴沙石室影抄本，應為伯希和請人手抄後之影印本）有完整文句留存600句、斯3835亦有缺漏，約有564句佔85%、伯2738句551句佔80%、伯3623有598句佔85%和伯3894有398句佔60%，統合以上資料皆為敦煌遺書資料內容較為完整者，因其辨識率較其他殘卷高，所存資料文句經比較和統計後，其梗概較為全面和完整，故建議後續若有志於敦煌寫本《太公家教》之研究者，或可以此本作為參考底本。

二、嘗試在各章節以下列出相關研究，條述《太公家教》流行和消失的原因，作為本論文研究之成果，如其：

1. 歷史性；

2. 地理性；

3. 文化性；

4. 地理位置；

5. 時代背景；

6. 分別性；

聯芳案：實際上受到宋元之間的戰亂影響，南方的童蒙書籍早已被充滿儒家思想和易於朗朗上口的《三字經》、《百家姓》和《千字文》、《千家詩》所取代，《太公家教》的消失不可謂事出無由。但因歷史演變和地理變遷的緣故，《太公家教》被譯成其他語言，流傳於中國東北，日本、韓國和域外，甚至今日仍為其童蒙教材，故自古至今《太公家教》的影響力，應該受到重視和發揚光大，《太公家教》實有其深入研究的價值。

〔註2〕張榮芳著：秦漢史論集（外三篇）；廣州：中山大學出版社，1995年11月，頁329～357。

三、多項新發現。學術研究的新思維或新理論，標誌著尋求學術的新發現，更何況於敦煌學之研究。本論文在蒐集、綜合各家研究並歸納整合時，蒐集到張新朋利用「本校法」在俄藏所獲得的新發現，統合後亦將本論文的校勘本達到新的高點，在此舉例說明張新朋之研究新發現：

（1）張氏針對敦煌寫本《太公家教》內容比對 S.5773 與 S.6243，並將此二者綴合，認為此二卷實乃為同一寫卷之分裂。聯芳案：最令人驚訝的是，當張氏比對 S.5773 與 S.6243 二者影本之間異同，從證據顯示確實如張氏所云，其行款每行所抄皆大抵在 21 字，其相合程度之吻合，且二者文字之抄寫風格俱認真，書寫工整更形成卷面二者整體風格的一致。張氏更舉例從個別文字的寫法分析，認為二者之間相似度極大，對此吾亦非常同意張氏之判斷，故斷定 S.5773 與 S.6243 文字風格寫法幾近一致，無論從二者所存內容，再推定二者位置關係，確定此推論其綴合後確實為同一寫卷之分裂。

（2）張新朋另將伯 2937 號和伯 5031 號綴合，以第二行至第五行與伯 2937 號卷首的前 4 行在內容上前後相接（以伯 2937 在上，伯 5031 在下），參校比對二者相近行款、相類字體等因素，亦假設此二者由同一寫卷割裂而來。聯芳案：張氏在學術上的新發現已有前例，張新朋將伯 2937 號和伯 5031 號綴合後，嘗試將殘片第 4 行「母」字上端所殘的部分及第五行「樂不樂」三字所缺的左半，均位於伯 2937 號上，察覺諸字銜接處密合無間，故再次證明張氏此綴合可為另一敦煌寫本《太公家教》之新說明，此說應可無誤。

對於以「本校法」將敦煌遺書《太公家教》殘片的綴合判斷，張氏此新發現，實為近年研究敦煌寫本《太公家教》之一大突破，張氏的努力和收穫實應贏得敦煌學研究學者和專家們的讚賞與肯定。

第二節　本論文研究之成果

從《敦煌訓蒙文獻研究述論》〔註3〕一文的研究發現，公告自二十一世紀敦煌訓蒙文獻之研究而言，無論研究者、研究內容和思想範圍皆呈現出多元化

〔註 3〕王金娥撰：《敦煌學輯刊‧敦煌訓蒙文獻研究述論》；2012 年第 2 期，蘭州，敦煌學研究所。頁 158～164。

的發展，研究者也不再侷限於日本和臺灣，有更多的中、外學者專家、博士研究生、碩士研究生加入敦煌學的行列，陸續選擇將敦煌訓蒙文獻作為學位論文的課題，此種研究新活力，正以百花齊放的形式在國際學術交流會議上展現。與本論文研究有相關者如下述：

1. 1998 年蘭州大學碩士研究生顧大勇在鄭炳林教授指導下，完成《歸義軍時期敦煌的學校和教育》。

2. 2001 年華中師範大學梅蕾碩士學位論文《隋唐童蒙教育文獻研究》上下編，介紹隋唐童蒙教育文獻源流考述，其內容包括對《太公家教》內容作初步分析。

3. 2006 年中央民族大學黃金東碩士學位論文《唐五代時期敦煌地區童蒙教育研究》，對童蒙教材的概念作出界定。黃金東參照汪泛舟研究結果將之分類，同時探討唐五代時蒙童教育狀況及作用。

4. 2006 年西北師範大學張永萍碩士學位論文《唐五代宋初敦煌教育初探》，回溯先唐敦煌教育發展之概況，並輯錄敦煌官學、私學與寺學，將教材中的教育思想、教學方法做了初步總結。其論文最與眾不同之處是對醫學、算學、天文曆法和童蒙教育等提出討論，展現另一種研究風格。

5. 2006 年南京師範大學趙楠完成博士學位論文《唐代的教育和教育詩》，提出蒙書最佳分類乃其體例，其中《太公家教》和《新集文詞九經抄》，可謂「格諺體」之代表。

6. 2007 年蘭州大學敦煌研究所韓鋒博士學位論文《敦煌本儒家文獻研究》，將《太公家教》歸類為「家訓類文獻」，同時對各類訓蒙文獻研究成果及價值做詳細探究，其成果對蒙書的分類可謂自成一說。

7. 2008 年浙江大學張新朋博士學位論文《敦煌寫本〈開蒙要訓〉研究》，上、下編，雖以敦煌寫本《開蒙要訓》為研究對象，但從唐五代時期的敦煌地區之教育狀況入手，探討有關蒙書產生的時代背景、作者、內容和研究價值等，研究成果豐碩。在此基礎上，張氏又於 2010 年發表《敦煌寫本〈太公家教〉殘片拾遺》和 2011 年《敦煌寫本〈太公家教〉殘片拾遺·補》皆屬佳作和新發現。〔註4〕

〔註 4〕有關張新朋《敦煌寫本〈太公家教〉殘片拾遺》和《敦煌寫本〈太公家教〉殘片拾遺·補》，可見第四章第三節第五點。

8. 2010 年蘭州大學敦煌學研究所祁曉慶博士論文〈敦煌歸義軍時期的社會教育研究〉，該文探討歸義軍時期，有關敦煌地方社會教育、敦煌蒙學讀物、講唱文學作品、社會下層組織「社」的教化意蘊等，更以粟特居民為例，考察晚唐五代少數民族私人結社幾與漢民族無異，推論其漢化程度應甚高。〔註 5〕

聯芳案：科技資訊發達的今日，以上各家將敦煌訓蒙文獻作為學位論文的課題發表，成為一股研究新活力，正以百花齊放的形式在國際學術交流會議上展現和刺激今日的教育界。對於現代社會教養兒童早已不再是易事，如何尋找適合的啟蒙教材更是一大難事，許多教育機構倡導活動教學，但數十年的結果卻大多只是教育出功利主義掛帥的菁英份子，中華文化和儒家思想的精髓已在歷史洪流中慢慢消退。如今針對敦煌學中有關蒙書《太公家教》的研究，正是受到這樣的啟發，希望能藉此研究機會將蒙書精髓套用於日常生活。綜合以上各家的研究，雖前仆後繼對有關蒙書課題或《太公家教》展開，本論文之展望將繼續努力的方向，未來嘗試將敦煌寫本之蒙書精華總匯作成一套教材計畫，將其適用於教養二十一世紀之今日兒童。

再說鄭阿財、朱鳳玉著之《敦煌蒙書研究》，可謂是敦煌訓蒙文獻研究之集大成者，該書先界定敦煌蒙書的概念，再闡述蒙書發展歷史和敦煌蒙書的認定與分類，將蒙書細分為「識字類」、「知識類」、「德行類」三大類與等之小類，《太公家教》歸屬於「家訓類蒙書」，繼從發展源流再深入窺知唐五代敦煌地方教育與寺院教育實況，又提供唐五代西北方音、考訂遺集與輯佚者和文化風俗等多重價值。〔註 6〕聯芳案：鄭阿財、朱鳳玉著《敦煌蒙書研究》，此書備受各界關注，評價甚高，可謂二十一世紀敦煌訓蒙文獻研究中最有影響的著作之一，實為後學者研究敦煌訓蒙學之敲門磚，和本人將敦煌寫本之蒙書精華總匯作成一套教材計畫之基石。

《敦煌訓蒙文獻研究述論》一文又有節錄張弓主編《敦煌典籍與唐五代歷史文化》，上卷中「儒學」章列有「蒙求」一節，探討蒙書的著錄與分類，引用余嘉錫《內閣大庫本〈碎金〉跋》的觀點，認為蒙書在唐代已具字書、蒙求、格言三大門類，而歸屬於「蒙求體」之「家訓類」的作品，在唐宋時期應尚無

〔註 5〕王金娥撰：《敦煌學輯刊·敦煌訓蒙文獻研究述論》；2012 年第 2 期，蘭州，敦煌學研究所。頁 159～164。
〔註 6〕鄭阿財、朱鳳玉編著《敦煌蒙書研究》；蘭州：甘肅教育出版社，2002 年。

固定類目而歸屬於史部、子部之不同子目，其中又以儒家類收錄最多，及至四庫館臣將其歸入雜家類，然多數家訓著作亡佚不存，至敦煌遺書出現的《太公家教》、《武王家教》、《辯才家教》、《新集嚴父教》、《崔氏夫人訓女文》等家訓類著作，才將家訓著作向蒙學方向靠近。〔註7〕聯芳案：張弓編《敦煌典籍與唐五代歷史文化》亦對《太公家教》的性質、內容和其在蒙書中的地位進行探討，或因張氏以為「類書」之有蒙書之性質，故將「類書的發展與書抄」列於「蒙書」一節之下，張弓此種研究發現不但有其獨到之處，亦甚具研究價值，亦應將其列入敦煌寫本之蒙書精華總匯教材計畫之一。

　　從以上研究成果發現，敦煌訓蒙文獻在二十世紀八十年代前的研究主要以校勘、跋文為主，全因缺少文獻資料造成的窘境，敦煌研究焚膏繼晷困而難行，幸有少數敦煌學的先驅仍不畏艱難，奮勇當先進行研究，才取得相當成績，為後學者開啟方便之門徑。二十世紀八十年代後至今，敦煌學整體研究形勢開始多樣化、研究範圍和內容亦不斷擴展，除研究論文外，更有重要的專著發表，成績實令人嘖嘖欣喜，只見中、港、臺愈來愈多年輕學者加入敦煌學研究行列，再加上日本等國敦煌學者的研究，敦煌訓蒙文獻的研究成果更是繽紛多彩，真可視為國際文化交流與今日敦煌學繁榮的見證。

　　在二十一世紀敦煌學異彩紛呈的此刻，希望敦煌學之各學者專家能以開放態度將其研究心得與發現，經常性地互通有無，綜合各家研究所得，將成果相對性地加大、加闊，希冀二十一世紀的敦煌學專家們能攜手合作，用新的研究態度、新的資料、新的學科理論，更有系統性地發展敦煌蒙學，造福兒童，讓世界改觀，用學術成績展示，使全世界所有人都肯定敦煌在中國，敦煌學亦在中國。

第三節　本論文研究之展望

　　若論《太公家教》從晚唐以降為民間私學通行之啟蒙教材，歷經五代、宋、元、明之間仍受歡迎，雖然依照前述考論，吾亦認同其應為晚唐村落老校書所作，多採四字一句、兩句一韻之韻文體，有利兒童記誦。全文約二千六百字，實可堪稱為私學教育最重要和最流行的蒙書教材，其重要性不容忽視。惟近代

〔註 7〕王金娥撰：《敦煌學輯刊・敦煌訓蒙文獻研究述論》；2012 年第 2 期，蘭州，敦煌學研究所。頁 163～164。

在明、清〈三字經〉、〈百家姓〉、〈千字文〉、〈千家詩〉通行後，此書已不再流行，但此論文在研究期間仍發現針對以上說法時，本研究仍有多項可供展望之處，茲概述如下：

一、敦煌史料的被掠奪，其研究若未能充分掌握敦煌遺書真實資料的情形下，坦白而言，其研究多為紙上談兵，實為不足。凡研究者必須「大膽假設」，希冀只有在將來所有敦煌史料皆能回歸中國，吾人才有機會確切地將其「小心求證」，對「敦煌學」、「藏經洞」、《太公家教》之研究深入探討和還原真貌。

二、在本論文第三章第一節的姓氏識字課本之專題中，其中《百家姓》P.4585之內容曾引起本人注意，該項提到：

> 敦煌姓氏書，約有 6 個寫卷。乃古代此一地區使用的姓氏課本，有來自中原系統的《百家姓》（P.4585、P.4630），也有中原不見，但乃根據敦煌及其周邊民族實際編寫的姓氏書。如：《姓望書》（S.5861）、《郡望姓氏書》（P.3191）、《姓氏書》（P.2995）、《姓氏錄》（北圖 8418）。從以上可見，當時敦煌的姓氏課本極具中原而兼有邊地的特點。

過去學人泛以「趙錢孫李」為首句的《百家姓》，一直以為是宋人所編撰。但若敦煌寫卷 P.4585 之定年不誤的話，今學界應定其為唐寫本，殘句 24 行，其起句即是以「趙錢孫李」為首句的《百家姓》〔註8〕，這個新發現，對我國教育史和學術史皆具極其重要的文獻研究價值。可惜本論文此次專以《太公家教》整體研究為重心，因篇幅有限的約束、許多項目和此次研究主題皆有所偏差，故只能專注於和《太公家教》有絕對關係者，其他項目皆需暫時放下，希望日後有機會可對該等敦煌遺書，再做進一步研究和探討。

三、本論文以周鳳五、汪泛舟和黑目彰等的研究為基礎，冀望將研究基礎能夠綜合與統一得出結論，又以「羅振玉氏舊藏本」為底本原作，作出與各家之校勘，希望能夠還原以往真正敦煌寫本《太公家教》之原文。但無論研究基礎之異同，經陳垣先生四種不同校勘法的查照與比較，希望能從敦煌遺書中找出《太公家教》之原文或為虛談，因本人曾於 2022 年 9 月 12 日

〔註8〕汪泛舟編著：《敦煌古代兒童課本》，蘭州，甘肅人民出版社，2000 年，6 月，頁 5。

親訪臺北南港中央研究院內的傅斯年圖書館，查找與調閱有關敦煌遺書《太公家教》資料，惟其為善本，故不可拍照與影印，最後只能無功而返。因見各家寫本皆有缺失，而研究成果僅為自身研究填補上自以為合理的字句，造成各家研究之異同。慨嘆此項不足乃因「巧婦難為無米之炊」，惟有寄望將來有興趣研究蒙書之學者能見珍本。

四、如何將古代家庭教育和今日社會的幼兒教育作整體研究和配套？其實此為本人最初研究敦煌寫本《太公家教》之動機和目的，可惜本論文篇幅有限，希望有機會依序編排將敦煌寫本《太公家教》再作開展，使其成為適合今日兒童之啟蒙教材。

五、《俄藏》Дx 03111 乃《太公家教》之新發現（本論文第四章第三節《太公家教》寫本之卷數種數），研究時已發現出現張新朋和石冬梅兩家皆有發表，以《俄藏敦煌文獻》擬名《勸誡文》，實際乃《太公家教》，雖然此說確定無誤，卻因二人發表時間相差無幾，（知張氏收稿時間為 2011 年 10 月 15 日，而發表時間亦為 2012 年。石冬梅發表時間為 2012 年 6 月，並於文中稱此件以前尚未被學界發現，未知石氏收稿時間為何？）時間點甚為模糊，故本人甚難斷定何人應為此《俄藏》Дx 03111 之新發現者，若未知石氏收稿時間而作任何判斷，恐不公，此或亦提供機會為日後研究另一契機。

六、本論文擬集中目標在《太公家教》的整體研究，故對其他敦煌蒙書課題項目暫而略之，僅集中探討有關敦煌寫本《太公家教》相關研究進行比較論述，在材料有限的情況下，故此次論文選擇乃以周鳳五氏、汪泛舟氏和日本黑田彰氏三人所整理出版著作為校本。追循各人所研究與整理，凡涉及其他學者或敦煌遺書寫本而同時有關《太公家教》者，僅能依敦煌遺書之原件收藏，再按其收藏國家類別，依次需要，增補敘錄，此種處理若造成任何偏頗不公，祈望各學者專家見諒。

七、今日蘭州大學和敦煌學研究所已成為中國敦煌學培養專業人才的基地，更不時採取不同渠道在國際展開學術交流，相對於身在港臺有志於敦煌學研究者，卻只能望門興嘆，因為：

1. 一般港、臺研究生，並無如上地緣優勢；

2. 無法確切掌握敦煌石窟與敦煌文獻結合下的最新研究與結果；

3. 無法分享學術界同導師承擔敦煌文獻，研究課題項目結合和前瞻性；

4. 只能被動性的等待敦煌學學術界發表研究動態和進度；

5. 對敦煌文獻的新發現和解決問題能力，需要靠輯刊的發表刺激帶動，
則易陷於停滯不前。

聯芳案：針對此項之解決方案，建議蘭州大學或敦煌研究院可函告中、港、澳各大學和研究機構，凡有志或研究專題有關敦煌遺書者，可提請校方專案報請蘭州大學或敦煌研究院，提供研究生在研究期間內，可赴蘭州大學或敦煌研究院進行相關研究，或可網上提供資訊與諮詢管道，此舉或可助敦煌研究成果瓶頸之突破，亦有利將敦煌學之花遍開在中、港、臺。

以上各項所述，雖僅屬一家之言，卻是本人在進行敦煌遺書《太公家教》整體研究之時，經常性遇到的難題卻無力解決，渴望藉此能為後進爭取機會。本人亦知本論文未臻完善和不足之處甚多，或因資質駑鈍仍須多加努力，展望未來敦煌研究成果瓶頸突破，敦煌學之花遍開在中、港、臺之時，本人或能再接再厲進修，以作彌補。

第四節　本論文研究之願景

敦煌寫卷是近代中國學術史上的重大發現，發現之初因未能即時系統性地保存，導致各國藉考古名義竊奪，以致大量流散到世界各大圖書館。在進行敦煌寫本《太公家教》之整體研究時，蒐集資料遇到很大的阻難，雖為博士研究生，因兼職性質學習而無學術機構研究支援，敦煌資料並非一般圖書館藏，尤幸近年英藏、法藏、俄藏、中國國家圖書館等四大收藏悉數公佈，要徹底了解敦煌學術的來龍去脈實屬不易，同時又有散藏敦煌寫卷是另一關注焦點。幸有朱鳳玉〈散藏敦煌寫卷題跋研究發凡〉〔註9〕，推其意旨即為求還原藏經洞當初收藏原貌，針對散藏敦煌寫卷題跋的搜輯整理與研究，才能溯及敦煌寫卷散藏之源頭，原由有二：

一、始於 1900 年發現藏經洞後，西方各考古隊尚未到敦煌之前，王道士已先將部分寫卷贈送給安肅道臺廷棟（1866 到 1918）、敦煌縣令汪宗翰、玉門縣訓導王宗海……後來寫卷更成為甘肅官場上盛行送贈禮物的風氣。周廷元《敦煌寫經守殘留影》「編目贅言」〔註10〕有載，當時收受者如：督

〔註 9〕朱鳳玉撰：《散藏敦煌寫卷題跋研究發凡》，《敦煌學》第三十一輯；臺北市，樂學書局有限公司，中華民國 104 年 3 月（2015 年 3 月），頁 11～37。

〔註10〕周廷元《敦煌石室守殘留影・編目贅言》，中國社會科學院歷史研究所藏稿本。

軍張廣建（1864～1938）、省長陳閶（1883～1952）、政務廳長許承堯（1874
～1946）、榷運局長蒯壽樞、蘭山道引孔憲廷、高檢廳長徐聲金（1874～
1958）、教育廳長馬鄰翼（1865～1938）、財政廳長雷多壽、實業廳長司徒
穎、電報局長李幼根、省督學李苞等，此類敦煌石室寫卷為此等甘肅大吏
所得，其數約逾四、五千卷。

二、另一散藏主源為 1910 年，時任甘肅布政使何彥昇（1860～1910）奉命押
運劫餘後之敦煌遺書回北京學部，學部大臣李盛鐸（1859～1937）、劉廷
琛（1867～1932）等人監守自盜，乘機將精品竊為己有，造成日後敦煌寫
卷散藏流失的另一線索。

以上晚清官紳文士的收藏，因時局變動，其後又大多轉手，多為日本人所
收藏，如：

（一）李盛鐸家舊藏品主要為日本羽田亨所蒐購，歸藏大阪武田財團的
「杏雨書屋」；

（二）何彥昇家舊藏被日本京都藤井家「有鄰館」收藏；

（三）廷棟收藏卷子分別落入甘肅督軍張廣建、甘涼道尹許承堯等人手
中，又：

　　1. 張廣建收藏輾轉落入日本三井家，成為「三井文庫」重要收藏。

　　2. 許承堯任官西北十年，收集唐人寫經數百卷，又：

　　　（1）精選 40 件庋藏於安徽「晉魏隋唐四十卷寫經樓」；

　　　（2）其餘分贈馬其昶、陳閶、黃賓虹、唐式遵、吳博、許家
　　　　　杬⋯⋯等親友；

　　　（3）或與友人交換，部分出售給葉公綽、龔釗等人，以及日本
　　　　　中村不折。

從以上敦煌遺書散卷，後分別見藏於中國、臺灣、香港、日本、美國等公、
私圖書館，而零散寫卷的流通更成為海內外地方性圖書館、博物館、私家收藏
及文物市場拍賣的常態現象。由於私藏寫卷的流通主因之一是市場牟利，故真
偽參半，贋品混雜，偽卷贋品造成研究之困擾，再次嚴重影響敦煌學術之發展。

聯芳案：本論文對朱鳳玉〈散藏敦煌寫卷題跋之研究發凡〉一文之發表，提供
了早期甘肅寫卷流散情況的極珍貴資料，不單只窺知敦煌寫卷聚散與敦煌寫

另周廷元有《〈敦煌寫經守殘留影〉序目》，載《責善半月刊》第一卷 13～14
期，1940 年 9 月、10 月，頁 284～289，頁 300～308。

卷辨偽考實的經過，更彌補了敦煌學發展初期史料流失之來龍去脈，其原委經過令我們明白為何會有如此多之散藏敦煌文獻會在早期的西北流散，原來一切皆因發現敦煌莫高窟藏經洞的道士王圓籙，因其個人文化知識有限，完全不知敦煌寫本學術價值之珍貴，在發現之初即將精美絹畫精品和完整的寫經文本，先後分送給敦煌縣衙門要人及當地名流，因其不智之舉，故而造成今日身為中國人不可彌補的敦煌遺憾，而此遺憾卻只能寄望將來有志於發展敦煌學的後進們，自我督促與努力不懈才有機會讓敦煌學再上一層樓。

另朱鳳玉〈散藏敦煌寫卷題跋之研究發凡〉，其文不單只提供了早期甘肅寫卷流散情況，更提出寫卷抄寫時代斷代，和寫卷書法評騭，從此三者之相異處，實有助於了解對敦煌寫卷上的書法風格、對題跋內容之寫卷出現俗字、異體字的論斷，更有利於判斷寫卷的抄寫年代；同時其師潘重規《敦煌卷子俗寫文字與俗文學之研究》〔註11〕亦曾提出敦煌寫本字書寫習慣，存在偏旁無定的現象，如單人旁「亻」與「彳」往往不分，在檢索敦煌寫卷此一現象觸目所及，實不勝枚舉，期望此法之深入研究，亦可為進入敦煌學之入門法則。

又根據 2019 年 8 月 8 日古籍出版社曾發表於每日頭條的一則報導，內容為天津師範大學國際中國文學研究中心於該年舉辦名為「日本漢文古寫本整理與研究」之論壇，柴劍虹先生曾提出文章〈關於日藏敦煌寫本整理研究的幾點淺見〉〔註12〕，茲借其論文重點提出我個人幾點對敦煌學研究的願景：

一、日藏敦煌寫本的整理研究，近年已成為國際敦煌學研究的新熱點

主要原因在近些年，東京書道博物館原中村不折藏品與大阪杏雨書屋藏品的刊布，雖然日藏敦煌寫本公、私藏家多分散，來源又多秘而不宣，更偽卷贋品充斥（尤其提出是李盛鐸藏品，整理刊布需以《臺東區立博物館藏中村不折舊藏禹域墨書集成》借鑑比照），再加上資料又多有「商業利益」掛鉤，辨析來源、流轉，還要從紙張、字跡、內容、年代、綴合和題跋多方面綜合判斷。〔註13〕聯芳案：由於近年日本學者逐步發表有關對日藏敦煌寫本的研究，在新資料、新發現的情況下，引起各國敦煌研究學者的注意，但因日藏敦煌寫本多

〔註11〕潘重規：《敦煌卷子俗寫文字與俗文學之研究》，《孔孟月刊》215，1980 年 7 月，頁 38～46。

〔註12〕柴劍虹先生著：《關於日藏敦煌寫本整理研究的幾點淺見》，http://kknews.cc/culture/8v6jkml.html

〔註13〕柴劍虹先生著：《關於日藏敦煌寫本整理研究的幾點淺見》，http://kknews.cc/culture/8v6jkml.html

為來源不明，又有偽卷贗品和商業利益的影響，對敦煌學的發展與研究實造成不可想象的損害與困擾，學術研究應無邊界，中、日學者專家應攜手合作，公開私藏敦煌寫卷資料。

二、日藏敦煌寫本的個案研究，應該與國際上各處所藏敦煌寫本總合，進行整理研究

　　世界各國對收藏之敦煌寫本已各自基本刊布，各國若能以開放的態度宏觀地將寫本殘片綴合、並銜接其關聯性，再加以前人研究成果，在新材料、新課題的衝擊下，定會創造出新成果。柴劍虹在舉例說明中，其中提及國家圖書館薩仁高娃研究員，就曾對中村不折舊藏（《集成》上卷第 16 號）的吐蕃文寫本《太公家教》的整理研究——提出「漢文寫本與其他民族文字寫本的比較研究同樣至關重要的看法」。〔註 14〕聯芳案：由於當初各國對敦煌寫本的掠奪，造成敦煌遺書的殘缺與不全，若各國真能以開放態度宏觀地將寫本殘片綴合、銜接關聯性，再加前人研究成果，在新材料、新課題的衝擊下，「合作」才能為敦煌學創造出另一個新局面和新天地。

三、雖然敦煌寫本是中國晉唐五代宋初時期的「俗字寶庫」，但俗字的錯誤處理，卻容易造成釋讀、整理、研究的障礙

　　因為關涉文學、歷史、宗教、藝術等各具體課題研究中，必須重視與運用已有的敦煌俗字研究成果，使其成為敦煌漢文文書整理的必備基礎，在敦煌寫本中，有吐蕃人在學習漢文過程中抄寫的文字，其中頗多俗訛，成為釋讀障礙；據柴劍虹之臆測，目前日本及東亞國家學人抄寫的漢文古寫本，是否亦有各自書寫習慣與特色「俗字」，此點應在研究基礎上予以關注。〔註 15〕聯芳案：誠如柴教授所述，敦煌俗字研究成果的利用，實為敦煌漢文文書整理的必備基礎，敦煌寫本中不只吐蕃人在學習漢文過程中抄寫的文字，頗多俗訛，成為釋讀障礙，亦有西夏人自創文字造成抄寫的訛誤，而今中國人研究敦煌寫本都必須具備一定程度的基礎以避免犯錯；反觀日本、東亞學人亦恐各自有書寫習慣與特色「俗字」，若不先在研究基礎上釐清各國俗字的運用，恐研究成果將會「差之毫釐，繆以千里」。

〔註 14〕柴劍虹先生著：《關於日藏敦煌寫本整理研究的幾點淺見》，http://kknews.cc/culture/8v6jkml.html

〔註 15〕柴劍虹先生著：《關於日藏敦煌寫本整理研究的幾點淺見》，http://kknews.cc/culture/8v6jkml.html

四、東亞各國保存的中國漢文古寫本殘卷、存條格、斷例較多，這些國家學人著述抄寫的漢文寫本的整理研究，同時與整理研究中國敦煌、吐魯番、黑水城文書相關的問題，當中凡涉及引用中國古代典籍的輯佚、比勘，皆需予以高度重視與評價。〔註16〕聯芳案：從上文提及中國張伯偉教授述及日本江戶時代僧人廓門貫徹的《注石門文字禪》引用了中國經史子集四部書多達 302 種；另2002 年韓國慶州發現的元刊本《至正條格》此部佚書殘卷，其所存條格、斷例共八百條，中國考古工作者在黑水城發現的同書殘卷，其條格僅存 16 條，相比之下，日、韓所存資料之豐，校勘價值之深，我國確實難以比肩。

五、敦煌寫本研究需要加強各國學者的實質性合作

　　日本學者在敦煌的宗教、少數民族語言文字、藝術等研究領域起步早，最重要的是他們與西方學者（如大英圖書館國際敦煌項目 IDP、聖彼得堡俄羅斯科學院東方文獻研究所、莫斯科俄羅斯國立圖書館等）交流廣，故柴教授提倡我們亦應高度與其交流互鑑，與歐、美、日和俄國等學者進行實質性合作。〔註17〕聯芳案：綜合柴劍虹教授以上所表述各點，雖然以敦煌學國際聯絡委員會幹事長、京都大學高田時雄教授做為研究代表者的日本學術振興會科學研究費助成金基盤研究，已在《中國典籍日本古寫本の研究》的創刊號，刊登了日、中學者調查東京國立博物館所藏漢籍的初步成果，但敦煌顯學的未來研究必須站在學術研究無分國界的基礎上，敦煌學的前途才會迸發出真正的光明。

　　希望二十一世紀蘭州大學和敦煌研究院抱持開放態度，遍灑「敦煌學」的種子，總和資源、人才，將敦煌學研究推廣、開發普及，讓中、港、澳、臺的學子們認識甚麼是敦煌學，充分培養敦煌學人才，從而發揚光大中國固有的悠久文化。

〔註16〕柴劍虹先生著：《關於日藏敦煌寫本整理研究的幾點淺見》，http://kknews.cc/culture/8v6jkml.html
〔註17〕柴劍虹先生著：《關於日藏敦煌寫本整理研究的幾點淺見》，http://kknews.cc/culture/8v6jkml.html

參考文獻

1. 周廷元撰:《敦煌石室守殘留影・編目贅言》・中國社會科學院歷史研究所藏稿本。另周廷元有《〈敦煌寫經守殘留影〉序目》,載《責善半月刊》第一卷13～14期,1940年9月、10月。

2.【日】太田晶二郎:《太公家教》《日本學士院紀要》第7卷第6號;1949年。

3. 王重民:《〈太公家教考〉・〈周叔弢先生六十生日紀念論文集〉》;香港:龍門書店,1950年。

4. 翟爾斯撰,黃永武撰,王重民等編撰,陳垣撰,史岩纂,金祖同輯,李證剛纂,羅震玉輯,常鈞撰,存古學會編,許國霖撰,孟西和夫撰,羽田亨輯,神田喜一郎輯,蔣禮鴻撰,劉復輯:《敦煌叢刊初集15冊》,新文豐出版公司。

5.〔清〕朱駿聲著:《六十四卦經解》;北京,中華書局,1953年6月第一版。

6. 王國維著:《觀堂集林》;臺北市:藝文印書館,中華民國45年1月初版,中華民國47年5月再版。

7.〔漢〕司馬遷撰:《史記》;北京:中華書局,1959年9月。

8. 王國維:《唐寫本〈太公家教〉跋》《觀堂集林》;北京:中華書局,1959年,第4冊。

9.【日】入矢義高:《〈太公家教〉校釋》;《福井博士頌壽記念東洋思想論集》:日本,1960年。

10. 〔漢〕班固著，〔唐〕顏師古注：《漢書》；北京，中華書局，1962年，六月。

11. 陳寅恪等著：《周叔弢先生六十生日紀念論文集》；香港：龍門書店，1967年2月。

12. 〔隋〕王通撰，〔宋〕阮逸注：《中說》；臺灣，廣文書局，民國64年（1975）出版。

13. 羅振玉著：《羅雪堂先生全集》七編（九）；臺灣，大通書局印行，民國65年（1976）。

14. 《敦煌卷子》；臺北：臺北石門圖書公司，1976年，國立中央圖書館藏卷及卷號皆據此書。

15. 左景權著：《中國文化研究所學報‧〈敦煌寫本斯二八九號二三事〉》第8卷第1期；香港，香港中文大學，1976年。

16. 蘇樺：《太公家教——我國的古典兒童讀物之三》；臺北：國語日報，1977年6月。

17. 王重民著：《敦煌古籍敘錄》；北京：中華書局，1979年9月。

18. 潘重規：《敦煌卷子俗寫文字與俗文學之研究》；《孔孟月刊》215，1980年7月。

19. 清人王鳴盛：《十七史商榷》；臺北市：廣文書局，1980年。（據乾隆丁未1787年洞涇草堂課本影印）香港中央圖書館。

20. 〔漢〕司馬遷撰：《史記》；北京：中華書局，1982年第2版。

21. 侯外廬、邱漢生、張豈之主編：《宋明理學史》‧〈程端蒙、董銖、程端禮的教育理論〉；北京：人民出版社，1984年4月。

22. 黃永武主編：《敦煌寶藏》；臺北：新文豐出版公司，1981年至1986年，共一百四十一冊。

23. 鄭阿財著：《敦煌孝道文學研究》；臺北：臺北石門圖書公司，1982年。

24. 張寶榮編寫：《常用典故選釋》（續集）；內蒙古：人民出版社，1983年1月。

25. 王重民著：《敦煌遺書論文集》；北京：中華書局，1983年。

26. 法藏品王重民解題，英藏品劉銘恕解題：《敦煌遺書總目索引》；北京：中華書局，1983年新一版。

27. 顏廷亮主編：《敦煌文學概論》；蘭州：甘肅人民出版社。1983年3月。

28. 王重民撰：《跋〈太公家教〉》·《敦煌遺書論文集》；北京：中華書局，1984年。

29. 高國藩著：《敦煌寫本〈太公家教〉初探》；《敦煌學輯刊》1984年第1期；蘭州。

30. 周鳳五著：《〈太公家教〉研究》；《古典文學》第6期；臺北，1984年。

31. 劉勰著，周振甫注：《文心雕龍注釋》；臺北市：里仁書局，中華民國73年（1984）五月。

32. 周鳳五著：《敦煌寫本太公家教（含武王家教）校勘記》《鄭因百先生八十壽慶文史論文集》；臺北：臺灣商務印書館，1985年。

33. 戴密微著，廖伯源、朱鳳玉譯；《「王梵志詩附太公家教」引言》登錄於《敦煌學》第九輯；臺北市：中國文化大學，中國文學研究所，敦煌學會。中華民國七十四年五月出版（1985）。

34. 雷僑雲著：《敦煌兒童文學》；臺北市，台灣學生書局，1985年9月1日。

35. 周鳳五著：《敦煌寫本〈太公家教〉研究》；臺北：明文書局，1986年。

36. 周鳳五著：《太公家教重探》；臺北：《漢學研究》，第4卷第2期，1986年。

37. 朱鳳玉著：《敦煌寫本〈太公家教〉研究》；臺北：《漢學研究》，第4卷第2期，1986年。

38. 汪泛舟著：《〈太公家教〉考》；敦煌《敦煌研究》；1986年第一期。

39. 李正宇著：《唐宋時期敦煌的學校》；敦煌：《敦煌研究》，1986年第一期。

40. 汪泛舟著：《〈太公家教〉考補》；蘭州：《蘭州學刊》，1986年6期。

41. 高明士著：《唐代敦煌的教育》；《漢學研究》：第4卷第2期，1986年。

42. 周鳳五著：《敦煌寫本太公家教研究》；臺北：明文書局，民國75年5月初版（1986.05）。

43. 朱鳳玉著：《太公家教研究·漢學研究》第4卷第2期；臺北市：漢學研究中心，民國75年12月（1986.12）。

44. 鄭阿財，朱鳳玉編：《敦煌研究論著目錄》；臺北：漢學研究資料及服務中心編印，中華民國七十六年四月（1987.04）。

45. 姜亮夫著：《敦煌學論文集》；上海：上海古籍出版社，1987年6月第一版。

46. 鄺士元著：《敦煌學研究論著目錄》；臺北：新文豐出版公司，1987年6月。

47. 周紹良、高國藩、項楚、張錫厚、張鴻勛、顏廷亮選注:《敦煌文學作品選》;北京:中華書局,1987 年 12 月。

48. 胡同慶著:《〈太公家教〉與〈增廣賢文〉之比較》;《敦煌研究》:1987 年第 2 期。

49. 汪泛舟著:《〈太公家教〉別考》《敦煌語言文學研究》;北京:北京大學出版社,1988 年。

50. 蘇瑩輝著:《敦煌學概要》;臺北:1988 年 12 月出版。

51. 鄭志明撰:《第二屆敦煌學國際研討會論文集·敦煌寫本家教類的庶民教育》;敦煌:1990 年。

52. 鄭阿財著:《敦煌蒙書析論·敦煌學國際研討會論文集》第 2 屆;臺北市:漢學研究中心,1990 年 7 月。

53. 苗春德主編:《宋代教育》;開封:河南大學出版社,1992 年 4 月。

54. 白化文著:《敦煌文物目錄導論》;臺北市:新文豐出版公司,1992 年 8 月台一版。

55. 林家平等著:《中國敦煌學史》;北京:北京語言學院出版社,1992 年 10 月第一版。

56. 韓錫鐸主編:《中華蒙學集成》;瀋陽:遼寧教育出版社,1993 年。

57. 張榮芳著:秦漢史論集(外三篇);廣州:中山大學出版社,1995 年 11 月。

58. 周振甫譯注:《周易譯注》;香港:中華書局,1996 年 4 月初版,2006 年 2 月再版。

59. 許玫芳作:《敦煌本〈太公家教〉卷數及思想初探·龍華學報》第 13 期;桃園縣:龍華工商專科學校,1996 年 7 月。

60. 顧吉辰主編:《錢大昕研究》;上海:華東理工大學出版社,1996 年 12 月第一版。

61. 周愚文著:《敦煌寫本〈太公家教〉初探──校勘與分析》;台北市:教育研究集刊,1997 年 6 月。

62. 王子舟著:《陳寅恪讀書生涯》;武漢:長江文藝出版社,1997 年。

63. 王文寶主編,李元華等編著:《中國兒童啟蒙名著通覽》;北京:中國少年兒童出版社,1997 年。

64. 潘銘燊編:《中文修辭自學通──新修辭學》;香港:明窗出版社,1999 年 6 月。

65. 汪泛舟編著：《敦煌古代兒童課本》；蘭州：甘肅人民出版社，2000 年 6 月。

66. 歐純純著：《〈太公家教〉與後代童蒙教材的關係》；臺北市：東方人文學誌第一卷第一期，2002 年 3 月。

67. 馬欣剛、江建忠編注：《三字經、千家文、治家格言精編》；香港：萬里機構，2002 年 5 月。

68. 鄭阿財，朱鳳玉著：《敦煌蒙書研究》；蘭州：甘肅教育出版社，2002 年。

69. 項楚，鄭阿財主編：《新世紀敦煌學論集》；成都：巴蜀書社，2003 年 3 月。

70. 敦煌學會編輯：《敦煌學》；台北市：樂學書局有限公司，2003 年 6 月。

71. 陳才俊注譯：《中華蒙學精粹》；蘭州：蘭州大學出版社，2003 年。

72. 羅振玉編纂：《鳴沙石室佚書正續編》；北京：北京圖書館出版社，2004 年 2 月。

73. 蔣冀騁著：《敦煌文獻研究》；長沙：湖南師範大學出版社，2005 年 4 月。

74. 鄭阿財，朱鳳玉主編：《1998～2005 敦煌研究論著目錄》；臺北：樂學書局，2006〔民 95〕。

75.〔宋〕朱熹撰，金良年今譯：《四書章句集注》；上海：上海古籍出版社，2006 年 8 月。（2009.3 重印）。

76. 郭彧譯注：《周易》；北京：中華書局；2006 年，9 月。

77. 松果、方志恩主編：《佛教文獻與佛教文學研究專刊》；新北市：華梵大學東研所，2007 年初版。

78. 鄭阿財、朱鳳玉著：《開蒙養正／敦煌的學校教育》；蘭州：甘肅教育出版社，2007 年。

79.【日】池田溫著，張銘心，郝軼君譯：《敦煌文書的世界》；北京：中華書局，2007 年 12 月。

80. 何廣棪著：《陳振孫之生平及其著述研究》；臺北縣永和市：花木蘭出版社，2009 年。

81. 黑田彰、山崎誠（幼學之會）：《太公家教注解》；東京：汲古書院，平成 21 年（2009.03.31）。

82. 楊伯峻編著：《春秋左傳注》；北京：中華書局，3 版（修訂本），2009 年 10 月。

83. 山崎誠撰，張伯偉編：《風起雲揚／首屆南京大學域外漢籍研究國際學術研討會論文集》；北京：中華書局，2009 年 10 月。

84. 蔡馨慧撰：《唐代敦煌寫本〈太公家教〉的儒家德育思想析探》；臺灣：《嶺東通識教育研究學刊》第三卷第四期，2010 年 8 月。

85. 張新朋撰：《敦煌寫本〈太公家教〉殘片拾遺》；浙江省教育廳科研項目「敦煌、吐魯番文獻蒙書殘片研究」:《社會科學戰線》，2010 年第 4 期。

86. 黃慶萱著：《修辭學》；臺北市：三民書局，2011 年。

87. 屈直敏著：《敦煌文獻與中古教育》；蘭州：甘肅教育出版社，2011 年 1 月。

88. 楊建國著：《漢語修辭學教程》；合肥：安徽教育出版社，2011 年 6 月。

89. 張新朋撰：《敦煌寫本〈太公家教〉殘片拾遺》補；浙江省教育廳科研項目「敦煌、吐魯番文獻蒙書殘片研究」:《敦煌學輯刊》，2012 年第 3 期，第 70～75 頁。（收稿日期 2011 年 10 月 15 日）

90. 王金娥撰：《敦煌學輯刊·敦煌訓蒙文獻研究述論》；蘭州：敦煌學研究所，2012 年第 2 期。

91. 石冬梅：《〈俄藏敦煌文獻〉第十冊殘片考辨定名》；臺北市：國家圖書館館刊，一〇一年第一期（2012.6）。

92. 王力主編：《王力古漢語字典》；北京：中華書局，2000 年 6 月，（2012 年 2 月重印）。

93. 《古代漢語字典》編委會編：《古代漢語字典》；北京：商務印書館國際有限公司，2013 年 8 月。

94. 〔漢〕班固著：〔唐〕顏師古注《漢書》；北京：中華書局，2013 年 4 月重印。

95. 吳禮權著：《語言策略秀》（修訂版）；廣州：暨南大學出版社，2013 年 12 月。

96. 朱鳳玉撰：《散藏敦煌寫卷題跋研究發凡》，《敦煌學》第三十一輯；臺北市：樂學書局有限公司，中華民國 104 年 3 月（2015 年 3 月）。

97. 錢穆著：《論語新解》；臺北市：東大圖書股份有限公司，第三版二刷，2015 年 5 月。

98. 石冬梅：《英藏敦煌文獻》第十二十三十四卷殘片考實，書目季刊第五十卷第二期；臺北市：書目季刊社，民國 105 年九月十六日（2016.9.16）。

99. 王文錦譯解：《禮記譯解》；北京：中華書局，2016 年第 8 版。

100. 周佳榮編著：《童蒙啟程》；香港：中華書局，2016 年 10 月初版。

101. 樓含松主編：《中國歷代家訓集成》；杭州：浙江古籍出版社，2017 年 11 月。

102. 羅國威著：《敦煌本〈文選〉舊注疏證（三種）》；成都：巴蜀書社，2019 年 4 月。

103. 馬顯慈著：《語文釋要》；臺北市：萬卷樓圖書股份有限公司，2020 年 2 月。

網上資料庫

1. 《敦煌。生而傳奇》：騰訊視頻出品，節目備案號：V1904073210104002，總導演：魯安。麥根和孔。巍瀾與學術顧問群劉衛東、何輝、常彧、鄭炳林（蘭州大學敦煌學研究所所長）、史瀚文（Neil Schmis）、馬伯庸和沙武田。

2. 洪辯_百度百科 https://baike.baidu.hk，item

3. https://zh.wikipedia.org/zh-cn/晏嬰

4. https://zh.wikipedia.org/zh-hk/唐虞

5. https://artsandculture.google.com/entity/g1225w9j9?hl=zh

6. https://zh.wikipedia.org/wiki/比干#cite_note-2

7. https://zh.wikipedia.org/wiki/太公望

8. https://zh.wikipedia.org/wiki/司馬相如

9. https://www.zdic.net/hans/巢父

10. https://zh.wikipedia.org/wiki/魯仲連

11. https://zh.wikipedia.org/wiki/諸葛亮

12. https://zh.wikipedia.org/wiki/孟母

網上論文資料庫

1. 張新朋：《敦煌寫本〈太公家教〉殘片拾遺》，2010 年；中國知網©1994～2022 China Academic Journal Electronic Publishing House；

http://www.cnki.net

2. 張新朋：《敦煌寫本〈太公家教〉殘片拾遺》補，2011 年；中國知網©1994～2013China Academic Journal Electronic Publishing House；

http://www.cnki.net

3. 劉爽，華僑大學碩士研究生：《敦煌寫本家訓類蒙書的研究綜述》；
   https://www.docin.com/p-1933270502.html

4. 宋雪春：《2016 年敦煌學研究論著目錄》；
   https://www.lw53.com/dhgj/17738.html

5. 柴劍虹先生著：《關於日藏敦煌寫本整理研究的幾點淺見》；
   http://kknews.cc/culture/8v6jkml.html

6. 劉進寶撰：〈日本所藏敦煌文獻的來源及真偽——讀高田時雄《近代中國的學術與藏書》劄記〉發表於京都大學《敦煌寫本研究年報》，京都大學人文科學研究所中國中世寫本研究會，2020 年 3 月 31 日；
   https://doi.org/10.14989/DunhuangNianbao_14_119。

7. 陳寅恪《敦煌本〈太公家教〉書後》佚文一篇；
   https://special.rhky.com/mobile/mooc/tocard/114639843?courseId=200836807&name=十四%E3%80%80陳寅恪佚文《敦煌本%E3%80%88太公家教〉書后》考釋&code=

附　錄

圖 1　羅振玉氏舊藏本〔1～600〕

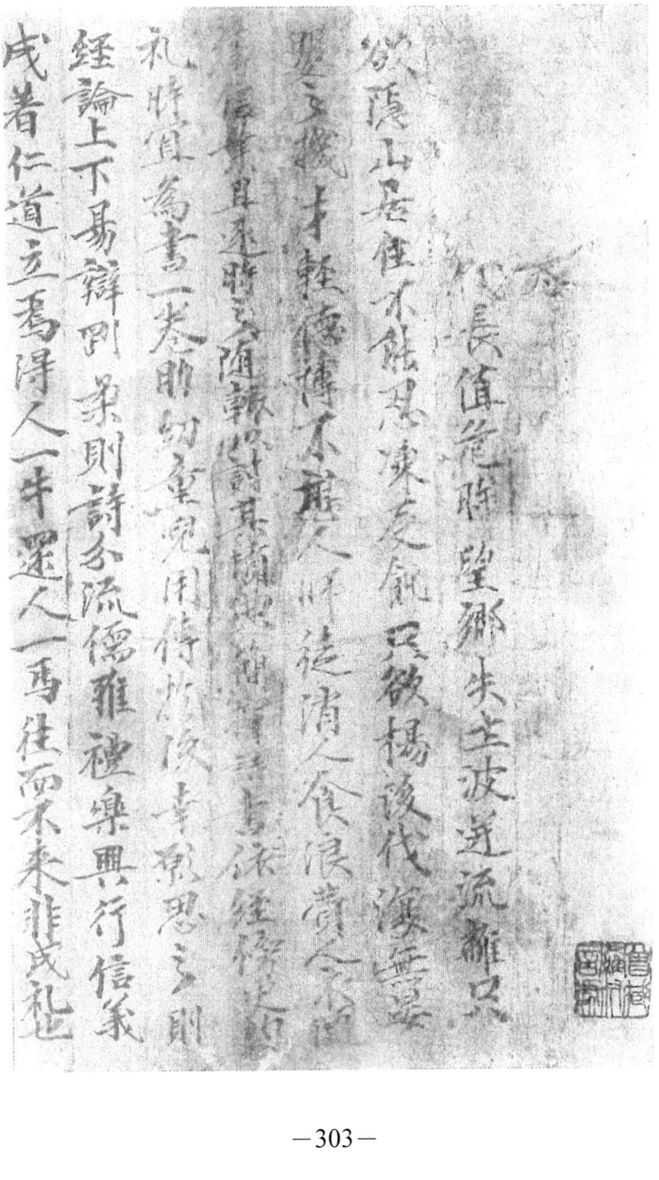

知恩報恩風流儒雅有恩不報豈成人也事君盡

忠事父盡敬禮聞来學不聞往教捨父事師教

於父慎其言語起其容皃善能行孝物貧惡事

莫作詐巧直實在心物生嫌誣孝心事父晨省

著知飢知渴知暖知寒應時共慶樂時同歡父母有

疾甘羡不飡食無求無求飽居無求安聞樂求樂

聞善不著不脩身體不勤衣冠得整疾癒止亦不難

弟子事師敬同於父習其道也學其言語黃金白銀

乍可相与好言善道湯出口旦無境外之交弟子有来

為之好一日為帥終日為父一日為君終日為主敎子之

法當令自慎言不可失行不可辭他難莫越他事

莫知他貧莫嗤他賤莫欺他弱莫欺他財莫取他色莫假

他短莫觸他弱莫欺他弓莫挽他篤莫竊弓折

馬亢常他無恙賊能害已必須畏之酒能賦身必須

戒之色能量害必須遠之念能積惡必須忍之心能

造惡須戒之口能招禍必須慎之見人善事

必須讚之見人惡事必須隱有災難必須救之

見人鬪打不須諫之意欲去處即須審之見人不是即

須教之非是時流畔須避之羅網之鳥悔不高飛吞
鉤之魚恨不忍飢人生誤計恨不三思禍將及己恨不忍
之其父出行子須從後路逢尊者齊晰劒手尊人之前
不得嗤地尊人賜酒拜受尊者賜肉骨不与尊尊者
賜菜懷核在手羞也齊之為礼大醜對客之前不得
嗤漾沫不漱口憶而莫忘終身無咎立身之本義讓為
先賤莫与交貴莫与親他奴莫語他婢莫与言高敗
之家慎莫為督市道接利莫与為漆敬上愛下
沈愛尊賢孤兒寡婦特可矜憐才可無官不得失婚

身須揀行口須揀言惡人同禍善人同福三法莫聽

誑言前女三法不聽離母男年長大莫聽好酒女

年長大莫聽遊走丈夫好酒宣拳胖肘行不揀地言

不揀口觸突尊卿乱用交女人遊走遲其妻首男妻

雜合風聲大醜慚耶尊親揁戶門戶婦人送客不出

閨達行其言語下氣低聲出行逐伴隱影荒邢門

送前客莫出音聽一行有失百行俱傾骹於此礼

無事不精新婦事父音聲莫聽邢影不覦夫之

婦兄不浮對語孝養翁門家敬事夫主沉愛尊

賢教示男女行則緩步喜必小語勸事女切莫學

歌舞小為人子長為人母出則飭容動則庠序敬慎

口言終身無咎希見今時貪家養女不解麻布不

閑針縷貪食不作好遊走女年長大勢為人婦

不敎君家不畏夫主大人使命說事莫夫罵一言

反應十短損辱兄弟連累父母本不是人狀同猪狗

合血損人先惡其口十言九中不語者滕小為人子

長為人父君必擇隣墓近良交側立耳聽後待

賓客侶無親踈來者當受合食与食合酒与酒

開門不着梁同儲獨挨貧作冨事頂方寸看客
不貪古今實語握鬚土食先有掌據閒门不看不
如獨鼠高山之樹莫於風雨路邊之樹莫於刀斧
冨道作舍莫於客侶不慎之家莫於官府牛
羊不圈莫於狼亦禾熟不收莫於雀鼠屋漏不漏
莫於標栖兵將不慎敗於軍旅人生不學貴其
言語近禾者亦近墨者里蓬生麻中不扶自直
近後者論近偷者賊近愚者瘝近聖者明近賢
者德近淫者色貪人多力勤耕之人必豊穀食

勤學之人必居官職良田不耕損人切勿養子不

教費人衣食与人共食慎莫先嘗与人同飲

莫先杞觴行不當路坐不當輩盡路逢尊者

側立其傍有問善對必須審辭子從外來先

須者堂未見尊者莫入私房若得飲食慎莫

先嘗饗其祖宗婦到取娘次霑兄弟漸及兒

郎食必先讓勞必先當知過必攺得寵莫忘

与人相識先政容儀稱名道自然後相知陪年已

長則父事之十年已上則兄事之五年已外則

肩道之二人同行必有我师为择其善者而从之

其不善者而盖之浅不择藏贵不择妻饥不择食

寒不择衣小人为贼相煞君子以得相知欲求其

长必取其短欲求其圆先取其方欲求其强

先取其弱欲求其刚先取其争欲防外敲先顶目

防欲扬人恶便是自扬伤人之语还是自伤允之

不可身相海水不可斗量苇荻之家必出公王

蒿艾之助茶得食助溯得伤人意

者受肴暴者云清之之事为酒所伤闲人善

事不可撝楊知人有過密奄深藏是故同謀
彼郷靡持巳長鷹鶴雖远不能技扵風雨日月
雖明不照盆覆之下唐虞雖聖不能化其麗主
崴子雖賢不能諫其禍君乣干雖惠不能自免其
身蛟龍雖重不能岸上之人刀劒雖利不能斬
清潔之士羅綱雖細不能執無事之人非災
攬禍不入慎之门人无遠慮应有近憂射住楝
枚良議言敢扵善人君子合虹者大海水博洒
如爪宽則得衆猴則有切以法治人之君得隐

國信讒必滅忠臣治家信讒家必歐云兄弟信讒必分別

黑居夫婦信讒男女生分閰交信讒必致兄忿天雨

五穀蘇荆蒙恩杞薪救火之忿成灾楊湯至沸不如

去薪千人排門不如一人拔關一人守臨万人莫當貪心害

巳利巳傷身荒田不犁硬李下犁冠聖君雖渴不飲盜

泉之禾暴風疾雨不入烹婦之門孝子不隱情於父忠臣不

隱情於君法不化君子礼不知於小人君濁則用武君清則

用文多言不盡其體日俊不妨其身明君不愛夰倭之臣愛

父不愛無□子道之以德齊之以礼小人不擇地而息君子

圖窮小人不擇官而事屈厄之人不羞執鞭之事飢寒在
身不羞乞丐之恥貧不可欺富不可恃陰陽猶崔終而
復始太公未遇鈎魚未相如未達賣卜於市　火居山
魯連海水乃鳴盤桓侯時而起鶴鳴九皋聲聞於天電
裹燃火燒氣成雲家中有惡人必知之身有德行人必稱傳
孟母三移為子擇隣只患已所不知患已不知人也欲立身
先立於人已欲達先達人立身行道始於事親孝無終始
不離其身修身慎行忍辱先人已所不欲物施於之近舍
者臭近蘭者香近愚者闇近智者良明珠不營為菱其

光人生不學言不成章小兒學者如日出之光長而學
者如日中之光老而學者如日暮之光老而不學實之
如夜柔必腾剛若必滕續遲堅則折若柔則女慕貞潔
男効才良行善積福行惡得殃行來不遠所見不長學
不廣智惠不長欲知其君視其所使欲知其父先視其
子欲作其术視其文理欲知其人先知奴婢君子固窮小
人窮斯濫矣病則無法酗則元憂飲人誑藥不得
責人之礼聖人避其酒客君子恐其酒仕知者不
見之過愚夫之子多患小人過女无明鏡不知面

上之精廉將軍之門必出勇夫博學之家必有

君子是以人相知相逢行魚　望於江湖人無良友不如

行之得失是結以交友友頂擇良賢寄充託孤意重則

密莱則同榮辱則同辱難則相救危則相扶勤是無價

之寶學是明月神珠積財千萬不如明解一經良田

千頃不如薄藝函龜慎是護身之符謹是酒行

之本飽之下必懸鈎之魚重賞之家必有勇夫之

者可償過者可誅慈父不愛无力之子只愛有

力之奴養男不教為人養奴養女不教不如養猪

痕人恩婦賢女敬夫孝是百行之本故云其犬

去乎

太公家教一卷

圖 2　羅振玉氏舊藏本甲卷〔366～415〕

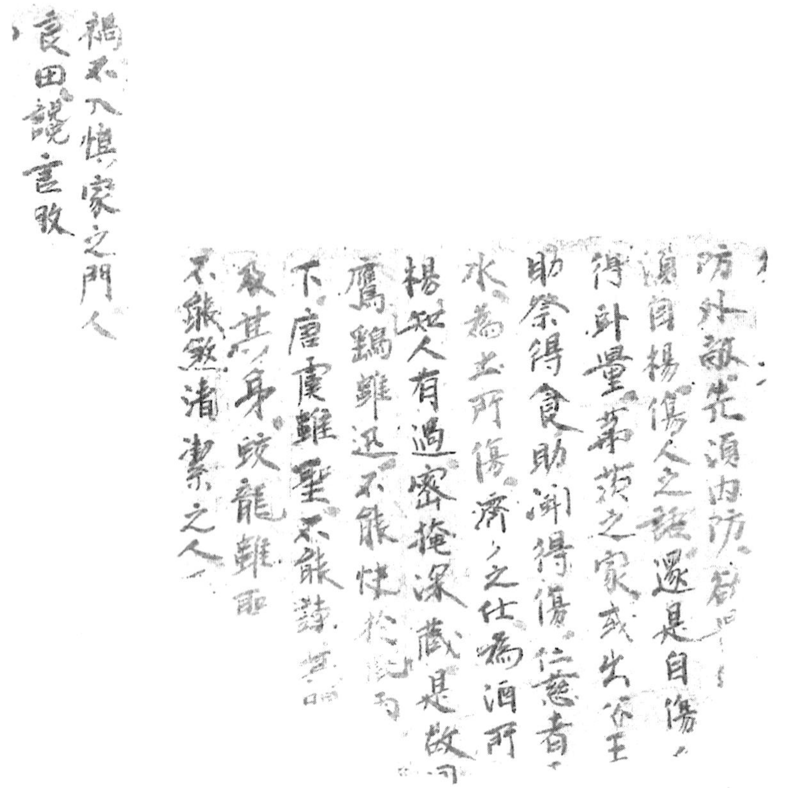

圖 3　羅振玉氏舊藏本乙卷〔343～386〕

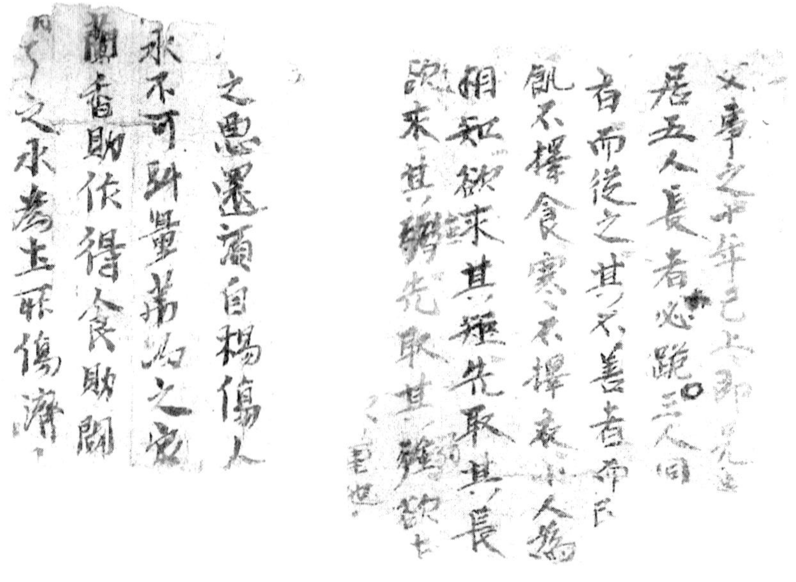

圖4　S四七九〔571～600〕

圖 5a　S 一一六三 a〔348~613〕

圖 5g、5f、5c　S 一一六三 vg〔439～445〕、vf〔388〕、vc〔124〕

圖 6a　S 一二九一 a〔5～146〕

圖7　S 一四〇一〔442～613〕

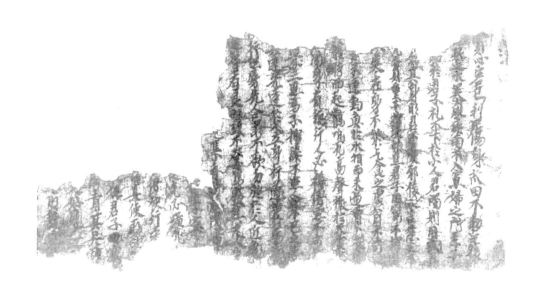

圖8　S 三〇一一 v〔29、30〕

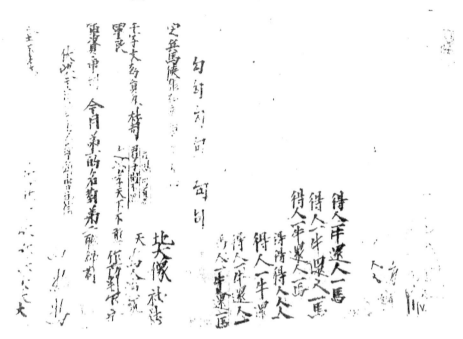

圖9　S 三八三五〔50～613〕

圖 10　S 四九〇一 v〔1〕

圖 11　S 四九二〇〔414～613〕

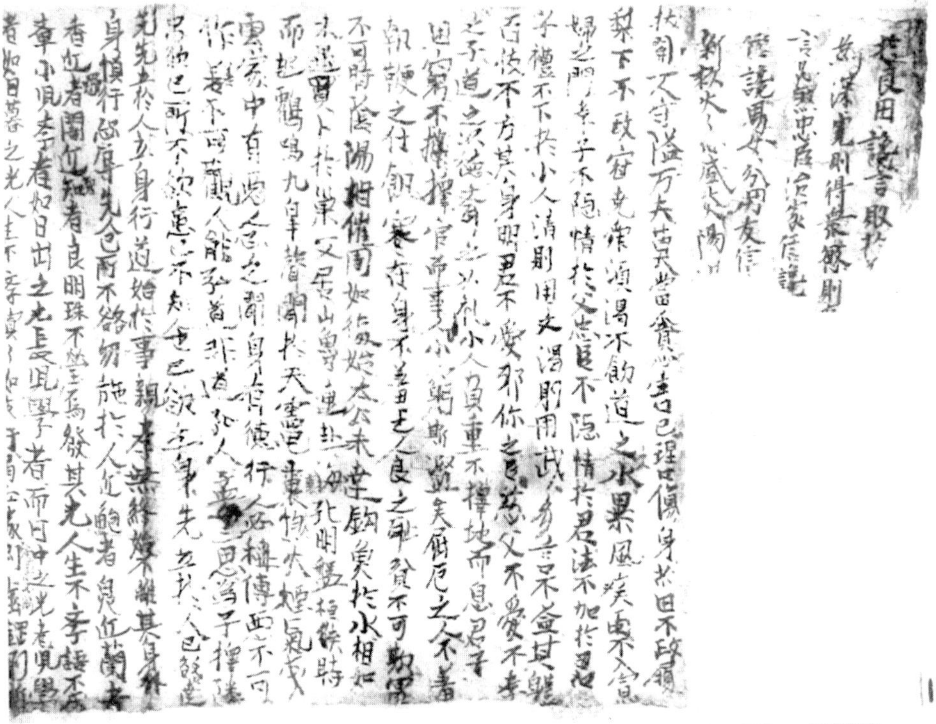

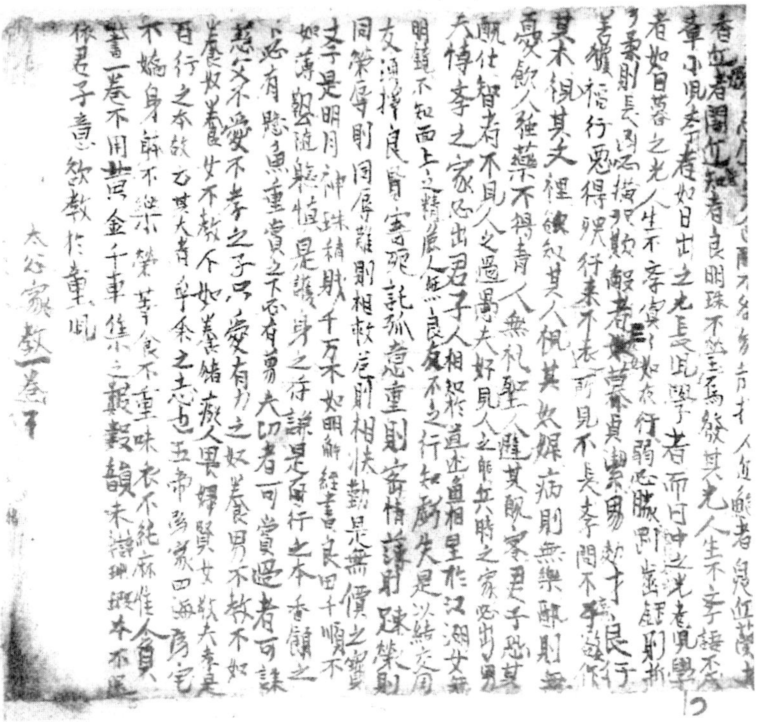

圖 12　S 五六五五〔397～613〕

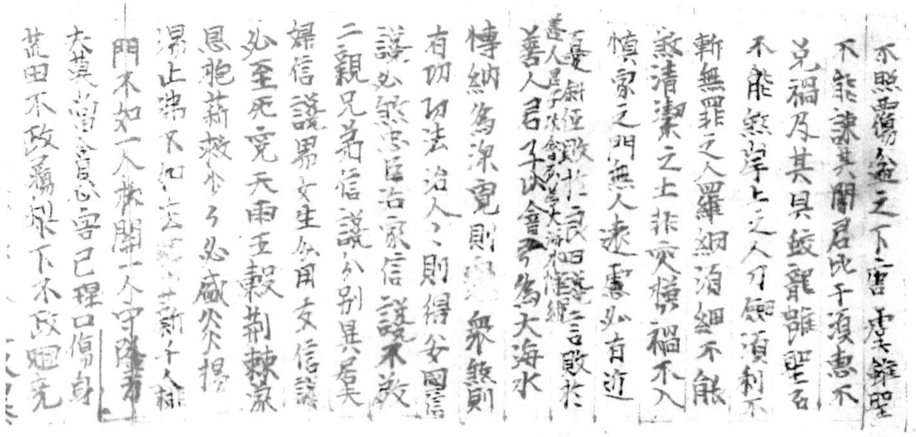

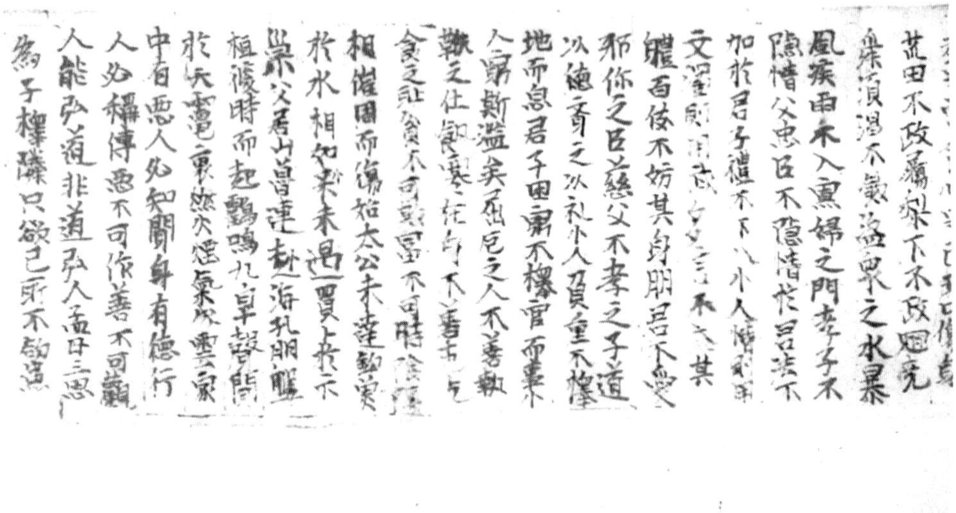

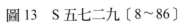

圖13　S五七二九〔8～86〕

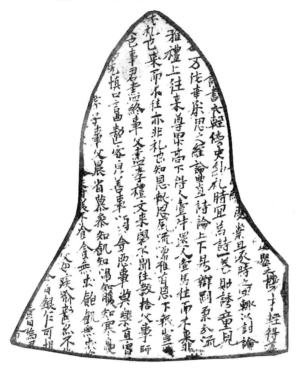

圖14　S五七七三〔132～281〕

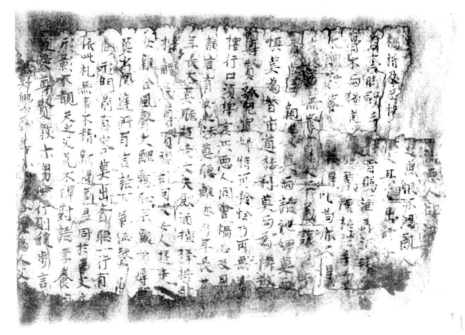

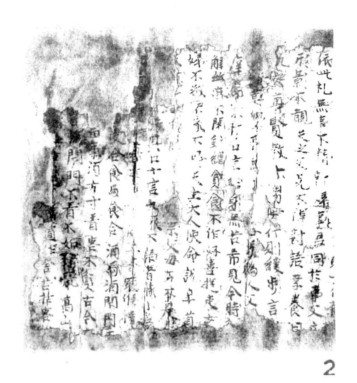

圖 15　S 六一七三〔99～361〕

圖16　S六一八三〔33~129〕

圖 17　S 六二四三〔402～529〕

圖 18　S 二五五三〔1～43〕

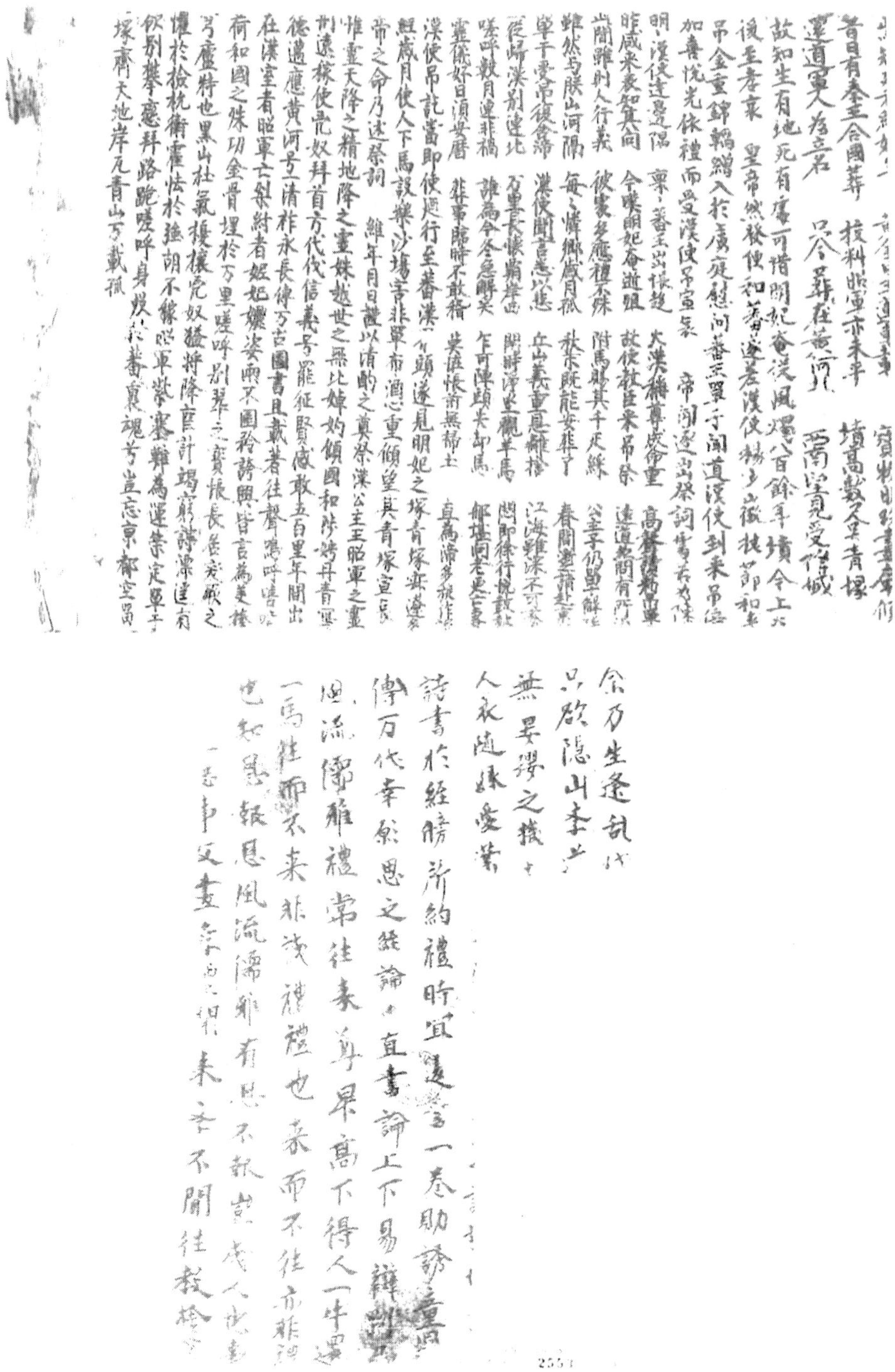

圖 19　P 二五六四〔1～613〕

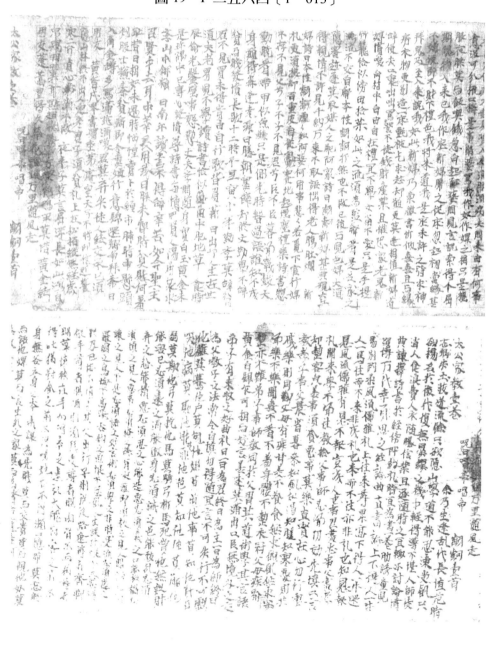

圖 20　P 二六〇〇〔601～612〕

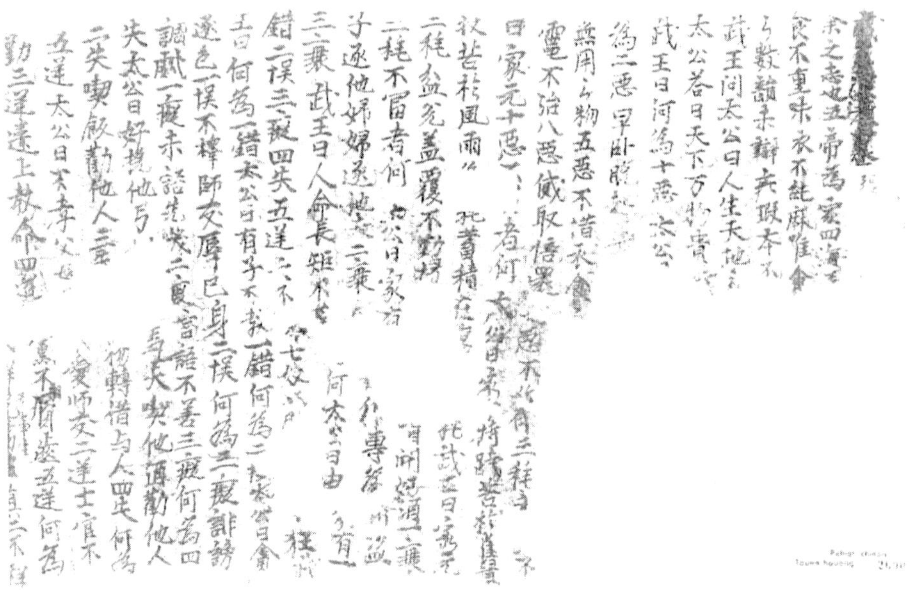

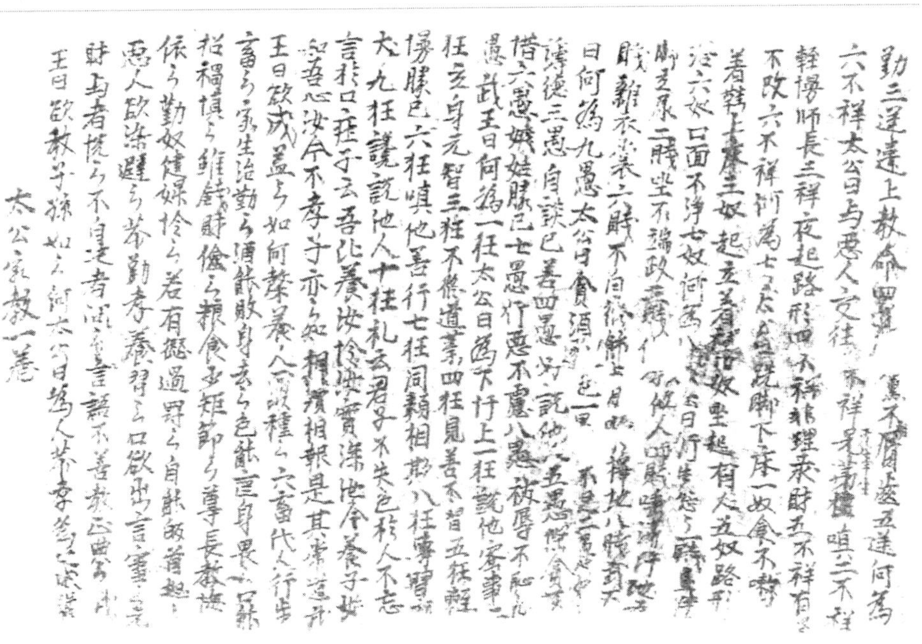

圖21　P二七三八〔50～600〕

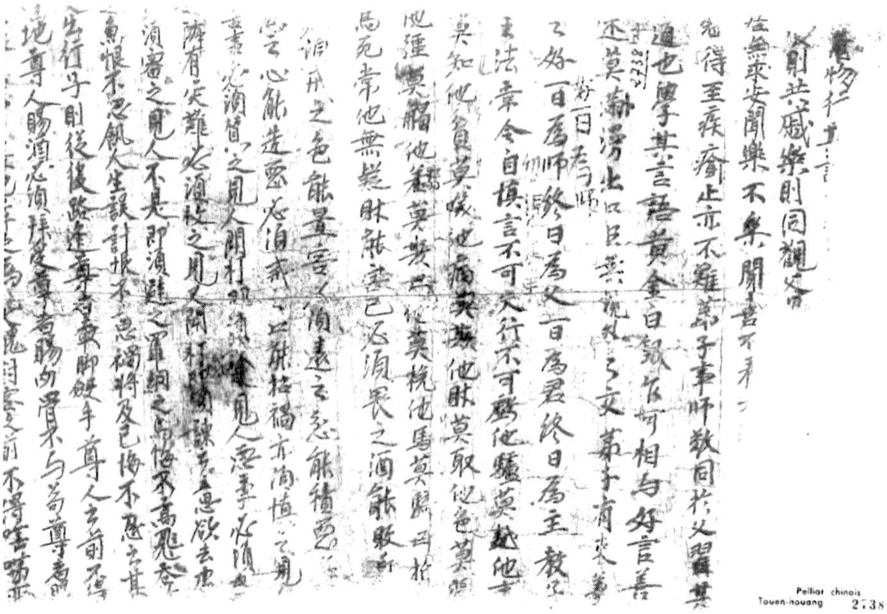
Pelliot chinois
Touen-houang 2738

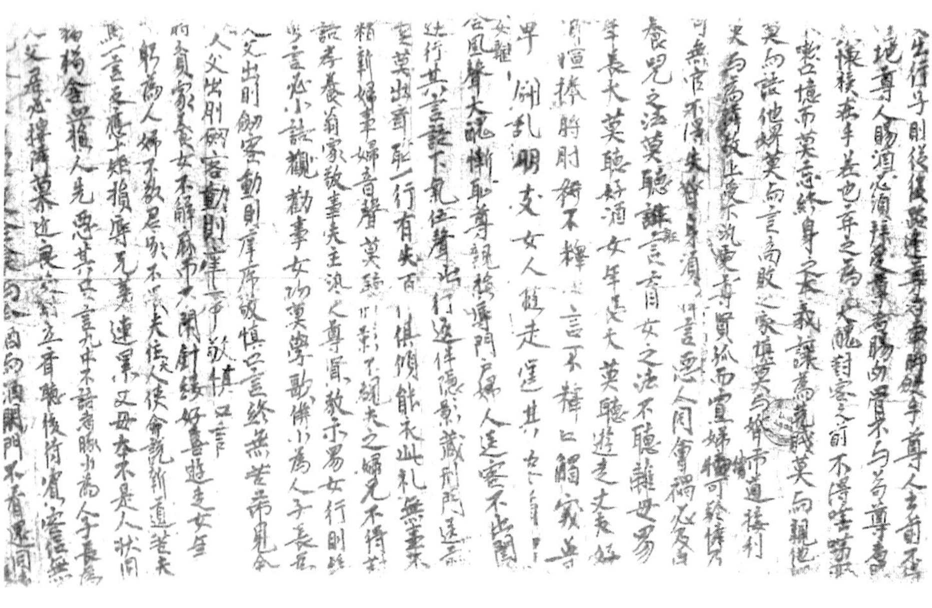

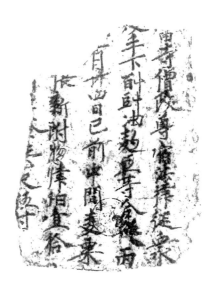

圖 22　P 二七七四〔454～557〕

圖23　P 二八二五〔143～613〕

Pelliot chinois
Touen-houang 2825 Pièce 3

Pelliot chinois
Touen-houang 2825 Pièce 4

圖24　P二九三七〔48～354〕

Pelliot chinois
Touen-houang 2937

圖 25　P 二九八一 v〔220～600〕

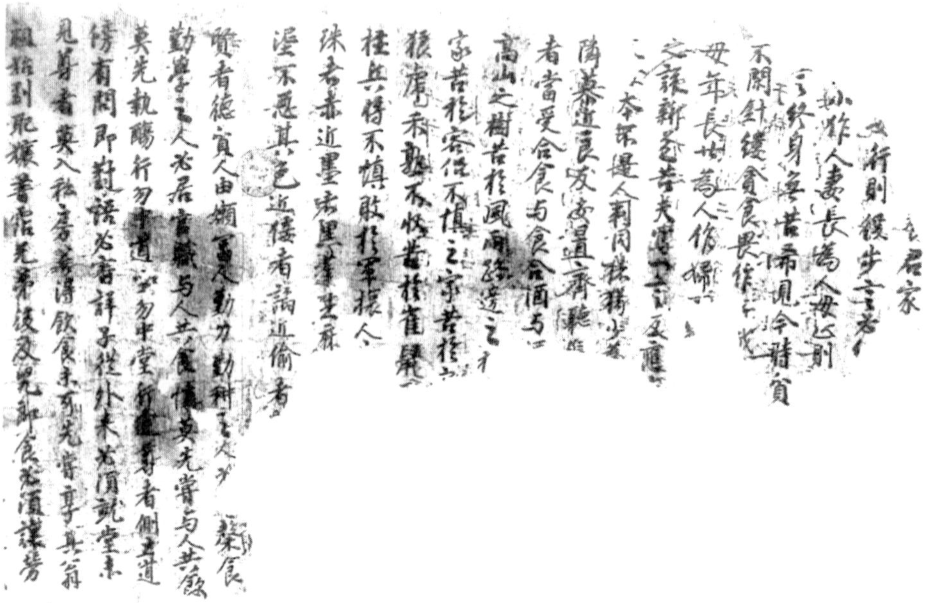

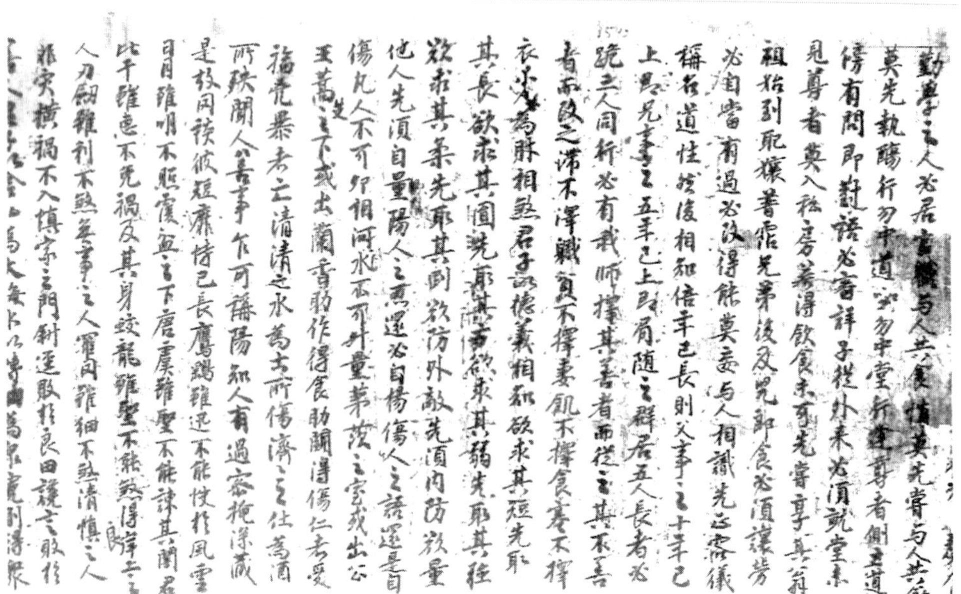

圖26　P三〇六九〔455～576〕

飆寒在身　不著凡食之恥　賣不可賴　富不可恃陰陽
相催終而復始　太公手達釣魚　抛扎相如来過賣卜於
市樂父居山魯連海水扎鳴鼓極恒時而起鶴鳴九皋
開托天寵寰燃火烟氣成雲家中有恶必知之身
德行人必稱傳孟母三移為子擇隣只患己所不知
人也欲立身先立於人巳欲達先達於人立身行道始於
事親孝無終始不離其身備身行恐厚先人巳所不
欲勿施於人近鮑者鼠近蘭者香近愚者闇近賢者良
明珠不瑩烏發其光人生不學言不成章小兒學者
如日出之先長如學者見日縈之
先人為不學寶玉如夜義必勝則韻必勝強盡堅則折吉
柔則長女藥貞樂男邪才良行善獲福行恶得殃
行亦不遠所見不長學問不廣智惠不長敏知其珠
視其所侠欲知其父先視其子欵作某未祠其文理欵
知其心先知权娉　君子困窮　小人窮斯濫矣病則有憫

支多言不益其　優不坊其身明君不愛耶後之
隆慈父不憂為以子通之玖德育之以礼小人不博也
而恩君子困窮不擇宦而事屋厄之人不著執頻定士

圖27　P三一〇四〔254～361〕

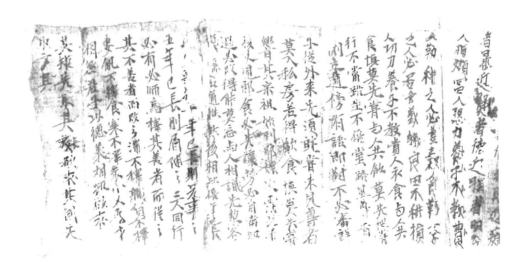

圖 28　P 三二四八 v〔68～239〕

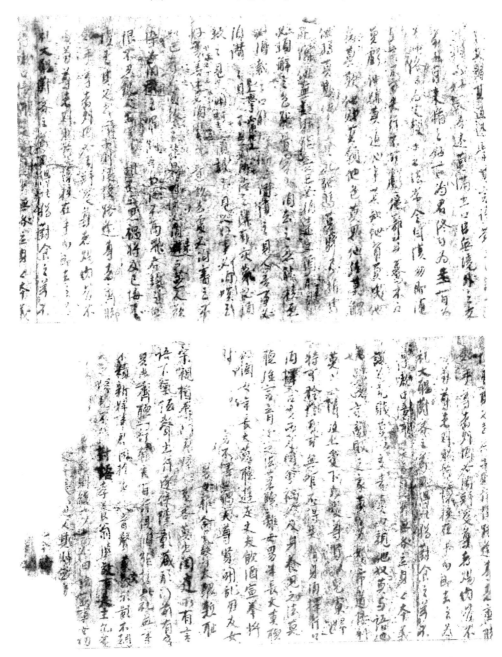

圖29　P 三四三〇〔162～460〕

圖30　P三五六九〔348～600〕

圖31　P三五九九〔1～446〕

圖 32a　P 三六二三 a〔3～600〕

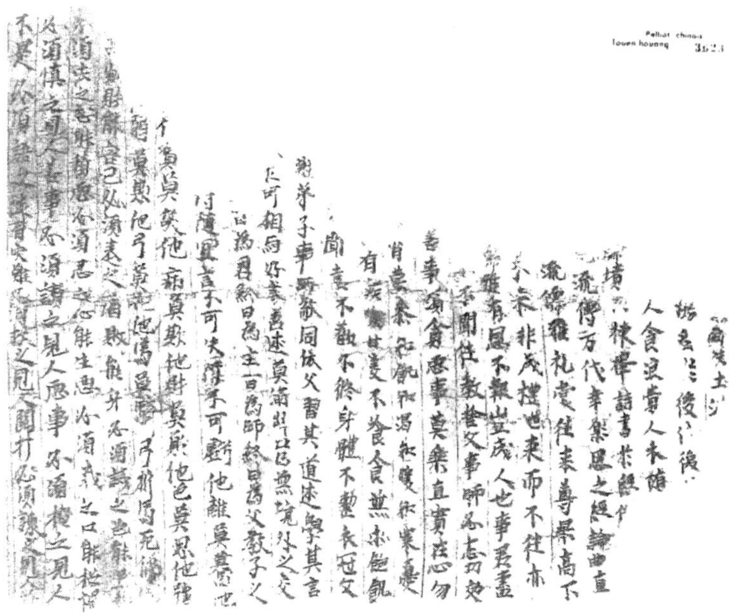

圖 32b　P 三六二三 vb〔題〕

圖 33　P 三七六四〔1～613〕

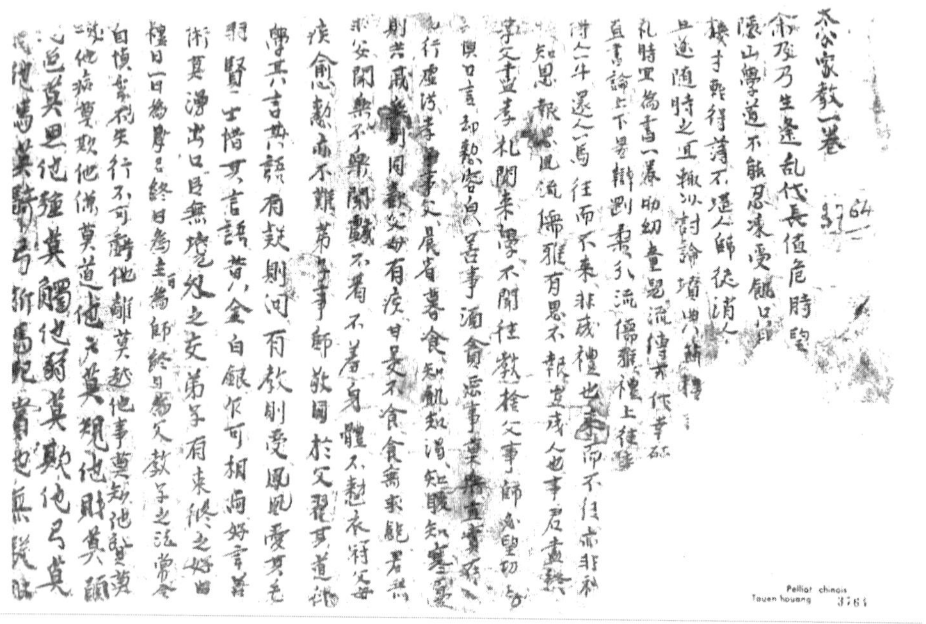

圖34a　P三七九七a〔374～613〕

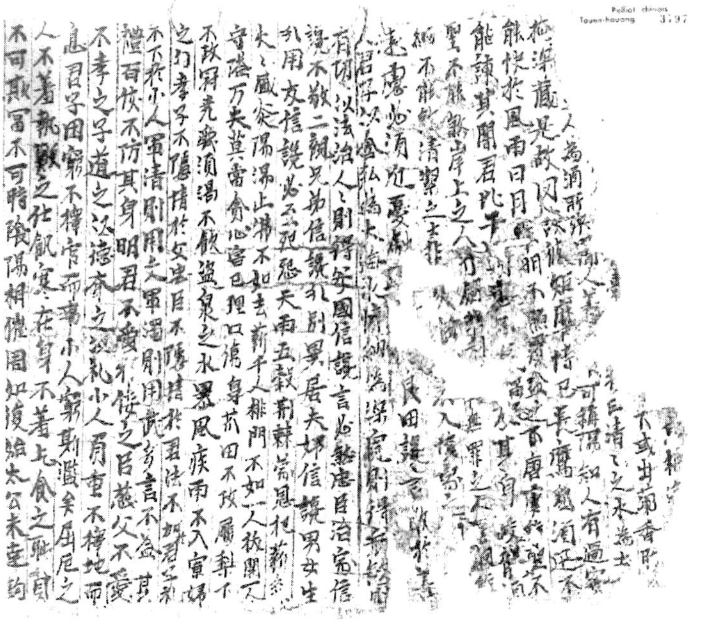

圖 34b　P 三七九七 vb〔題〕

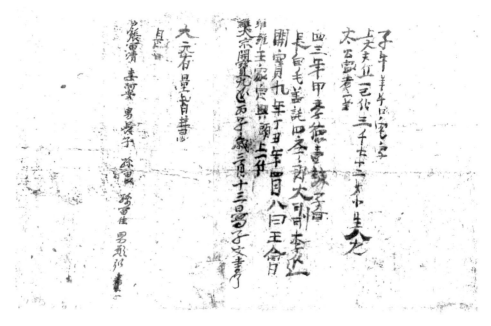

圖 35a　P 三八九四 a〔123～520〕

圖 35b　P 三八九四 vb〔題〕

圖 36　P 四〇八五〔63～232〕

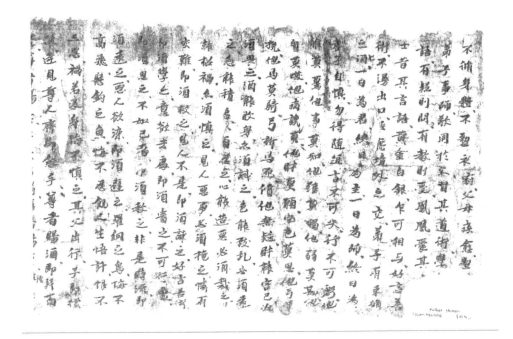

圖37　P四五八八〔481～600〕

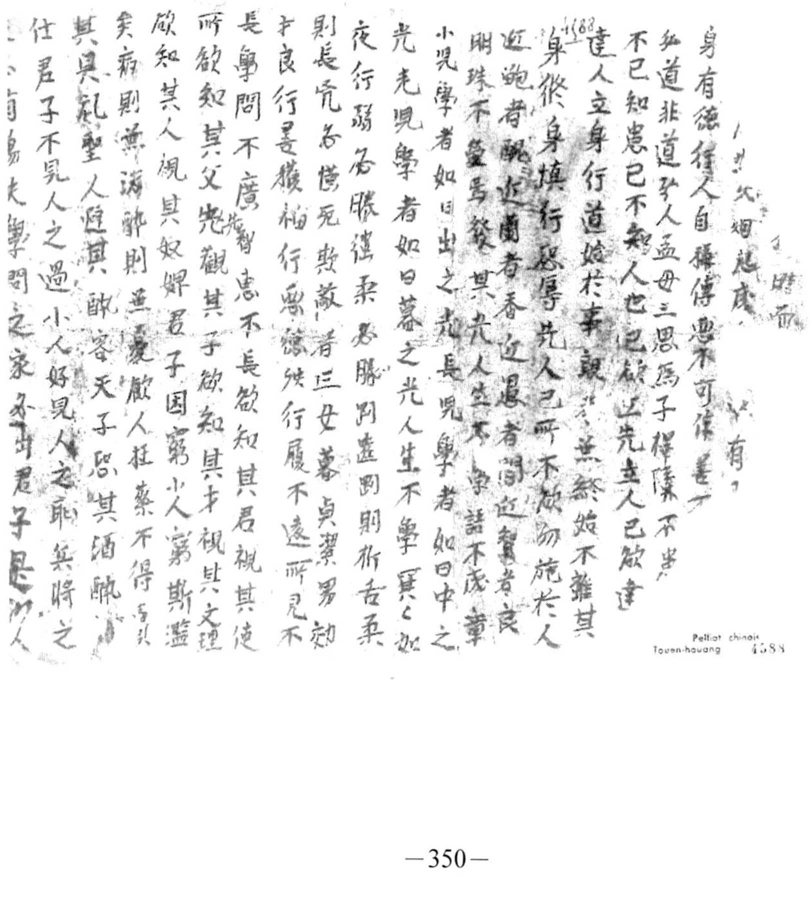

圖38　P四八八〇〔1～50〕

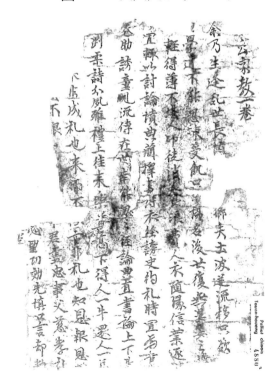

圖39　P四九九五ｖ〔183～445〕

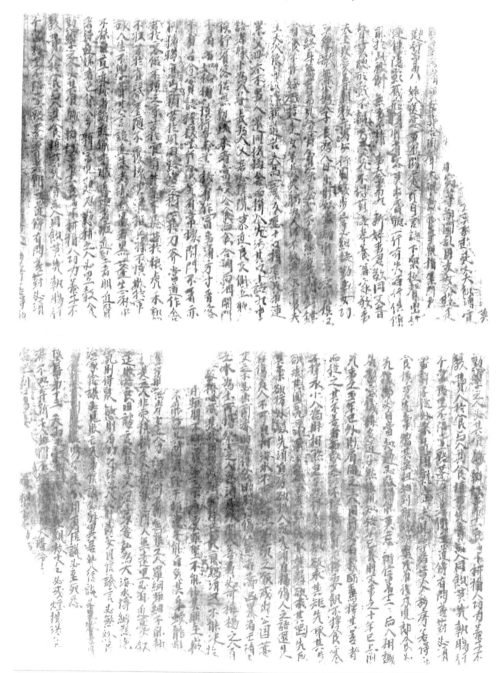

圖40　P五○三一（13）〔46～61〕

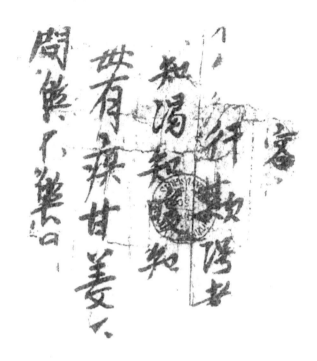

圖41a、41b　B——va〔1～5〕、vb〔1～41〕

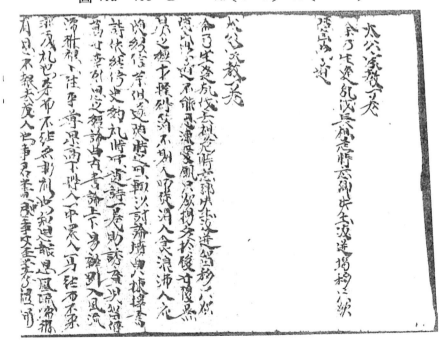

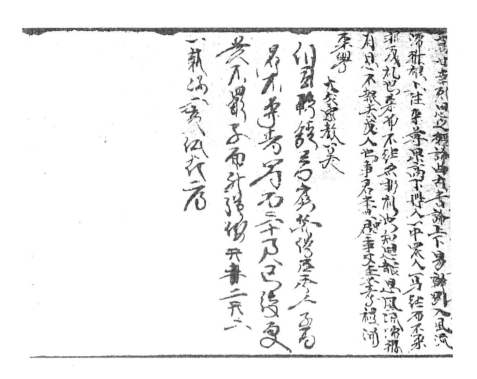

圖 42　寧樂本〔49～111〕

圖43～46、48　　大谷本三一六七、三一六九、三一七五、三五〇七、四三九四

圖 43　大谷本三一六七〔426～439〕

圖 44　大谷本三一六九〔478～487〕

圖 45　大谷本三一七五〔373～391〕

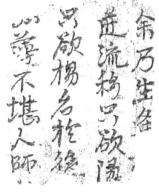

圖 46　大谷本三五〇七〔1～10〕

圖 48　大谷本四三九四〔572～593〕